小・中・高に通わずに
大学へ行った私が伝えたい

不登校になって伸びた7つの能力

母・吉田晃子
娘・星山海琳

廣済堂出版

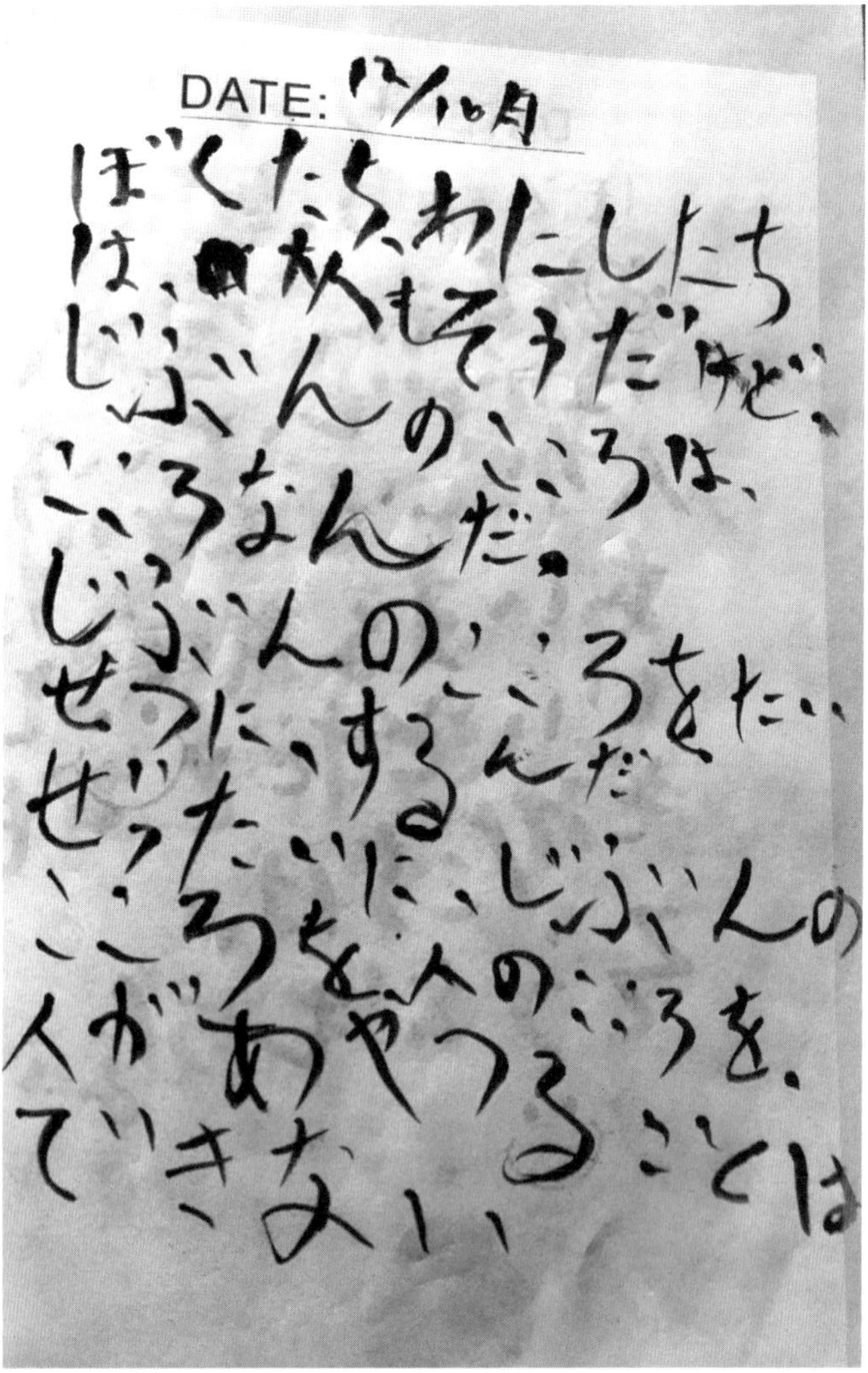

星山が2002年5月（6歳）からつけている日記の一部。こちらは6歳のときの日記。

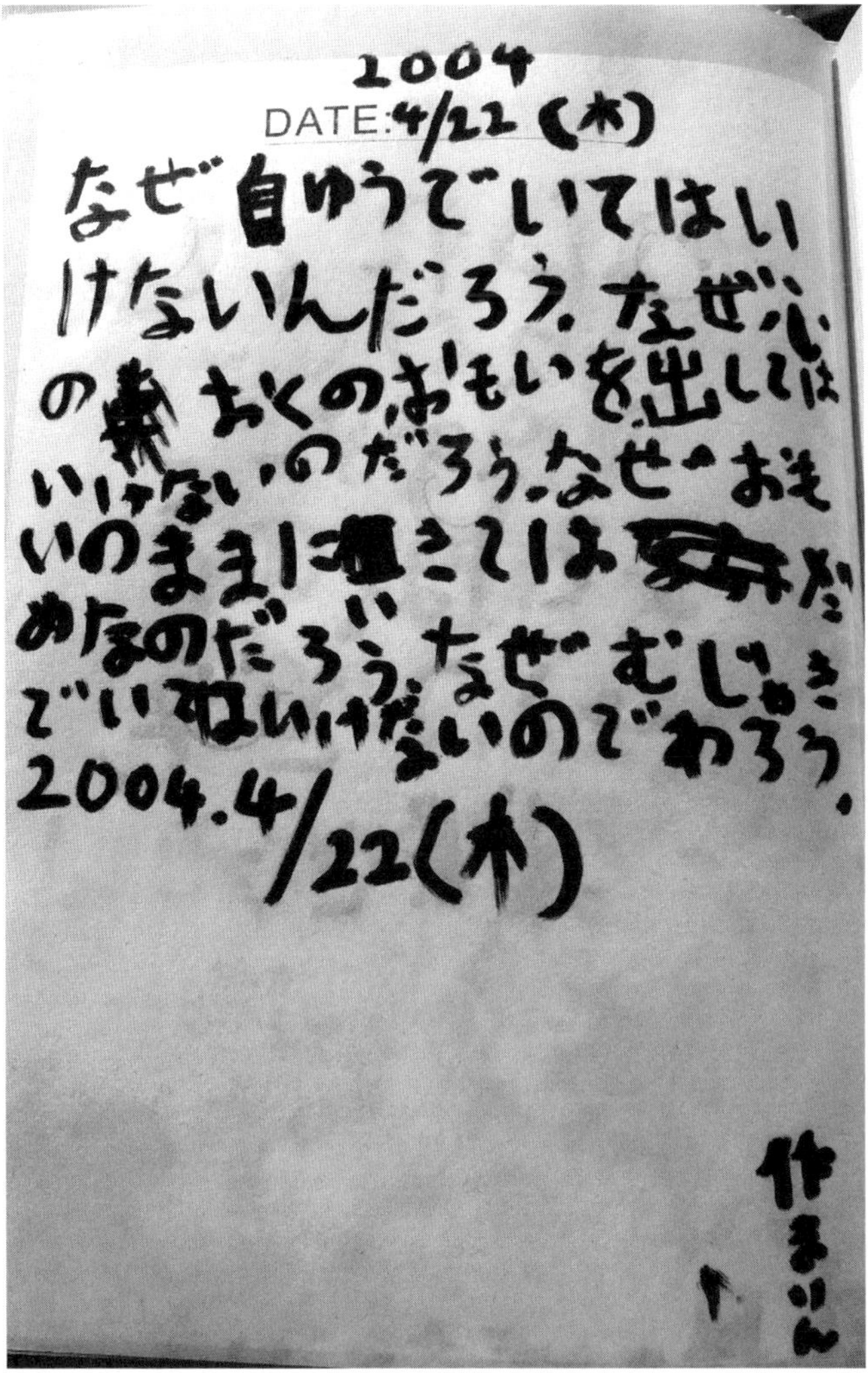
2004
DATE:4/22（木）
なぜ自ゆうでいてはい
けないんだろう。なぜ心
のおくのおもいを出しては
いけないのだろう。なぜ、おも
いのままにいきてはだ
めなのだろう。なぜむじゃき
でいてはいけないのでわろう。
2004.4/22（木）
作まりん

8歳のときの日記。

はじめに

この本は「不登校」を治す本ではありません。「不登校」を推奨する本でもありません。

学校に行く子と学校に行かない子、学力が伸びるのはどちらか？　思考力が伸びるのはどちらか？

実際に小学校1年生から学校に行かないことを選択し、中学、高校も魅力的ではないからと行かず、その後2ヶ月半で12年間分の勉強を終え大学へ行った娘が、大人になりました。そして彼女自身の子ども時代を振り返ったときに見えた、**不登校のおかげで脅《おびや》かされずに育った能力**について書いた本です。

子どもの不登校は、親であるわたしにとってパラダイスでした。

娘の海琳《まりん》が学校に行くのをやめたとき、わたしには不安のカケラも生じなかったのですが、それは娘の上に、先に不登校をしていた息子がいたからでした。

しかし、それ以前から、わたしは子ども自身のやりたいことを邪魔しないようにしてきました。

息子の2歳のお誕生日、本物の動物を見せてあげたくて動物園に行ったときのことです。着いて車を降りた途端、彼は駐車場に並ぶたくさんの車のタイヤに見惚れたんでしょう。一つひとつのタイヤを見比べ、懸命に何かを確かめているのです。

親の「教えたいこと」と、子どもが関心を持って「学んでいること」のズレを目《ま》の当たりにして、**「あ〜、子育ちに添うってこういうことなんだな」**と教えられた瞬間でした。

こんなわたしですから、知恵の教育を行わずに知識だけを詰め込ませる公教育（人間教育ではなく生産教育）には、好意も期待も持っていませんでした。学校なんて「テキトーに行っとけ〜」って感じです。

そう、どんなにいやなことがあっても、学校には行かなければならないと思っていたのです。わたしは知らなかったんです、義務教育の意味を。だから「テキトーに『行っとけ〜』」。

この思考回路では、適当であれ、真面目であれ、行かなければならないことに変わりありません。本来は、学校は行きたいのなら行くのがいいし、行きたくないのなら行かないのがいいのに、です。


子どもが不登校をしはじめて、学校教育に興味を持ったわたしは、図書館に並ぶたくさんの本を1冊ずつ読み進めながら、教育について、知らなかったことを知り、考えていきました。駐車場に並ぶたくさんの車のタイヤを一つひとつ見比べて、何かを調べていたあの日の息子のように。

哲学者のロックやルソー、コンドルセからはじまり、教育学者のエレン・ケイ、デューイ、シュタイナー、モンテッソーリ、ニイル、心理学者ピアジェなどを知っていくなかで、ダニエル・グリーンバーグの『「超」学校』（一光社）を読んだとき、子どものころから欲していた教育はこれだった！　と、アメリカのサドベリーバレースクールに釘づけになりました。

そうして、まもなく出会う仲間とデモクラティックスクールを立ち上げ、スタッフとして関わっていくのでした。

海琳と共に、書籍『小さな天才の育て方・育ち方　小・中・高に通わず大学へ行った話』（セルバ出版）を2016年に出版し、ブログ「オヤトコ発信所」を中心に、お母さんの集うオンラインサロンや、講演、勉強会、講座などの活動を通して、学校教育と家庭教育、「不登校」を含むあらゆる学びについて発信を続けています。

この本も、親の吉田晃子と、子の星山海琳、ふたりで書いています。

親のわたしは、子どもの「不登校」で得したなあと思う3つのこと――「不安からの解放」「ムダなお金、ムダな時間をとられずに済んだ」「親の人生まで楽しくしてくれた」――について書きました。

娘は、学校に行かなかったからこそ邪魔されずに育った7つの能力――「学力」「行動力」「自己管理力」「コミュニケーション力」「集中力」「自己肯定力」「思考力」

――について書きました。

親の目線のみではなく、子どもの目線のみでもなく、親と子両者の目線でお伝えすることで、より広い視界をお届けしたいと思っています。

「不登校になったら終わり」ではありません。

不登校は苦しいもの、治すもの、戻すもの、という視点だけではなく、不登校をしてよかったと本気で思っている人の視点も、ぜひ知ってください。

きっと、楽になります。

母・吉田晃子

不登校になって伸びた7つの能力／目次

第2章

不登校になって伸びた能力①
遊んでいたから「学力」がついた

娘・星山海琳

第8章

不登校になって伸びた能力⑦
常識に流されずに「考える力」を養う
娘・星山海琳

第9章

親が得したこと②
ムダなお金、ムダな時間をとられずに済んだ
母・吉田晃子

第1章

親が得したこと①
不安からの解放

母・吉田晃子

不登校している子どもに言ってはいけない5つの言葉

●男の子には青、女の子にはピンクの謎

「がっこう、やめて、かえってきた～」

ランドセルを背負って小学校に行くことを夢見心地で楽しみにしていた娘の海琳。けれども学校は、彼女にとっては魅力的ではなかったようです。

彼女は、ランドセルの夢も果たせたし、担任の先生とクラスメイトに「もう来ないからバイバイ」と言って帰ってきました。以来、小学校と中学校、高校にも興味がわかず、行きませんでした。

海琳はそのときをこう書いています。

ランドセルを背負って登校することをすごく楽しみにしていたわたしは、一年生になって早々、小学校へ行くことをやめました。

いざ通ってみると、学校には不思議なことがそれはもうたくさんあって、帰宅しては母親にあれはどうして、これはどうして、と尋ねていたようです。

たとえば、入学してすぐ、クラス全員の子どもたちにフラットファイルが配られ、男の子には青、女の子にはピンク色のものが用意されていました。

そのころわたしは青色がとても好きで（ピンクはきらいだった）、なんでも青色を選んでいたのですが、このときは自分で選ぶ余地もなくピンク色のファイルが配られました。わたしが女の子だったからです。（前著『小さな天才の育て方・育ち方　小・中・高に通わず大学へ行った話』〈以下の引用は同書より〉）

彼女のそんな選択に一抹の不安も感じずにいられたのは、先に不登校をしていた息子（兄）のおかげです。彼がいたことで、不登校問題の本質は、不登校する子どもではなく、不登校を生む学校制度にあると気づき、学校信仰（学校は行かなければならない、という学校に対する強い執着心）から解放されていたからです。

子どもには学校に行かなければならない義務はありません（32ページ参照）。

以前対談させていただいた岩切弥生《いわきりやよい》さんのご子息、中島芭旺《ばお》さん（著書『見てる、知ってる、考えてる』〈サンマーク出版〉）や、少年画家の濱口瑛士《えいし》さん（著書『書くことと描くこと』〈ブックマン社〉他）もそうでしたが、およそ21万７０００人の子どもたちが、公の学校以外で学んでいます（※文部科学省調査発表によると、平成29年度の小・中学校における長期欠席者数は21万７０４０人。このうち、不登校児童生徒数は14万４０３１人）。

「不登校」を悪化させず早期解決するには、初期段階での対応が重要と言います。でも、**「不登校」はいけないことではなく、「治す」ことでもありません。**

それゆえに登校をしぶるようになった子どもや、ある日パタンと行けなくなった子どもに、言ってはいけない言葉があります。

●子どもに言ってはいけない5つの言葉の本当の意味

それは、次の５つです。

①なんで行けないの？
②お母さん、ついていってあげようか？
③今日「は」休んでもいいよ
④明日は行くの？
⑤将来はどうするの？

これらは不登校関連の書籍やブログなどでも書かれていますから、「不登校」で悩まれた親御さんはご存じかもしれません。

なぜ、言ってはいけないのか。それは、「不登校」が長期化するからだそうです。子どもは、なりたくて「不登校」になったんじゃない。行けるものなら学校に行きたいと思っている。だからがんばって、がんばって、今日までがんばってきた。けれどもう限界まで追い詰められてしまった。死にたいと思っている子どももいる。だから、これらの言葉はあまりに酷だ、と。問いつめるのではなく、まずは元気になってもらうのが第一だと言います。そのために、子どもの話を聞きましょう、だそうです。

ブログでわたしも同じことを書いています。口はあと、耳が先だよ、と。

でも、思うんです。これらの言葉は学校に行くことが前提になっているんですよね。子どもに言ってはいけないのは「不登校」が長期化するおそれがあるからではなく、**これらの言葉が「言葉の暴力（虐待）」だから**です。心ない言葉は人を傷つけます。「なんでこんなこともできないの！」などもそうですが、ついつい口にしちゃう心ない言葉は、心ある言葉にしましょう。

すべてを心ある言葉に言い換える

①なんで行けないの？　⇓何かあったの？

これは学校に行くのが当たり前だと思い込んでいるから、出てくる言葉です。たとえば、友人が待ち合わせの時間に遅れたとき、「なんで遅れたの？」とは言いませんよね。そうではなく、思いやるように「何かあったの？」と尋ねませんか。友人もわが子も同じ、他者です。「なんで学校に行けないの?」と聞かれるより、「何かあったの?」と聞かれたほうが、答えやすくなると思うのです。

②お母さん、ついていってあげようか?
⇓お母さんにしてもらいたいことがあったら言ってね。


親が子どもにしたいことではなく、子どもが親にしてもらいたいことをする。

たとえば、「お母さんがついていってあげようか?」と子どもに言っても、子どもが「その必要はないよ。でもそう言ってくれてありがとう」などと返せる関係なら、子どもに余計な精神的負担はかかりません。

けれども「あ、うん……」と断れないような感じであれば、ソフトな表現でも、それは子どもを自分の思う通りにしようとする押しつけにほかなりません。

③今日「は」休んでもいいよ
⇓休むの?(問い詰めるのではなく尋ねる感じで明るく)

「今日は休んでもいいよ」のほか、「しばらく休んでいいよ」「当分ゆっくりしなさい」などの言い方もおかしいです。

学校へ行く・行かないは子どもの自由なんです。

行くか行かないかは本人が選ぶことであり、決めるのは本人です。「しばらく」「休んでもいい」では、まるで親が許可をくだしているかのようです。

④明日は行くの？　⇓行くときは言ってね〜。

学校には行きたければ行きます。親が行くなと言っても、行きたいのなら行きます。行かない子どもは、行きたくないだけです。

「明日は行くから……」とか、「来週から行ってみるから……」と子どもに言わせてしまうのは罪であり（この言葉に含まれる子どもの思いは１９４ページ参照）、「不登校」をイケナイものと心に植えつけ、子どもが自己を否定する人に育つ危険があります。

親の仕事など、子どもが家にいると不都合が生じるのなら、親子で話し合って登校以外のナイスな解決策を考えていきましょう。

⑤将来はどうするの？　⇓そんな野暮なことは聞かない。

あなたはやがて来る老後をしっかり、みっちり、考えていますか？
学校に行けなくなった子どものことで頭パンパンになっているときに、仮に、親（祖父母）から「孫が学校に行かないなんて！　そんなことでどうするの？　将来はどうなるの？」なんて言われたら、「わたしもどうしていいかわかんないのに、将来のことなんてわかんないよ」という心情になりませんか？　「そんな言い方して責めないで」と泣きそうになりませんか？

将来より今日のいのちです。

その「将来」ってやつは、子ども自身が考えます。
小・中・高と行かなかったわが家の子どもたちは大きくなって、今その「将来」を楽しく、心地よく、それなりに過ごしています。

わたしが1週間で不登校が不安ではなくなった理由

●わが子の不登校で、天地がひっくり返る

息子が不登校をするまでのわが家は、遊びに行くために学校を休むのは平気でした。旅行だったり、キャンプだったり、スポーツ観戦だったりです。大人が有給休暇をとって遊びに行くのと何ら変わりありません。けれど「不登校」はそうはいかなかったのでした。

中学生のころ親に言われた「子どもは学校に行く義務があるんだから、学校に行きなさい」を鵜呑《うの》みにしたまま大人になったわたしにとって、わが子の「不登校」は天と地がひっくり返るような出来事でした。「学校に行かなかったら将来はどうなるの？」と、得体の知れない恐怖に襲われたのです。

子どもが学校に行けなくなったときに親が通る「不登校あるある」コースを、わたしもしっかり歩きました。

なぜ行けないのか？

学校で何があったのか？

担任の先生から話を聴き、原因を調べ、学校に戻れる解決策を、パートナーとあれこれ考えました。

今思うと、学校に行くか行かないかなんて、ピーマンが好きか嫌いかぐらいのことなのに、学校信仰は子どもと親に大変な苦痛を与えます。


学校を休んで1週間になろうとしていた昼下がり、息子がぼそっと言うのでした。

「おれ、どうなるん？」

この言葉にハッとしたのをとてもよく覚えています。「学校に行かない」と本人は言っているのに、わたしは「どうすれば学校に行かせられるか」思考にとらわれていたと気づきました。**子どものことで悩んでいるのではなくて、わたしは親である自分**

のエゴに苦しんでいたのです。考えるべきはそこではありませんでした。

「おれ、どうなるん？」の言葉に子どもが見えたその途端、「学校に行きたくない。だから行かない」——ここにはどんなメッセージが隠れているんだろう？　何を教えてくれようとしているんだろう？　そんなふうにとらえだしたら、知的欲求が全身に満ちあふれ、ワクワクが止まらなくなりました。もうね、不安になってる暇がないんです。

さっそくわたしは義務教育の意味をインターネットで調べてみました。そしたらナンテコッタ！　義務教育の義務とはそういうことだったのかあ（32ページ参照）。

加速したワクワクはそのままわたしを図書館へ連れていったのでした。

●学校について本を読みまくった

いくつになっても学びは好奇心からはじまりますね。興味を持ったことや疑問を調べていくのは、たまらなくおもしろいです。翌日も、翌々日も、そのまた翌日も、図書館が開く9時を待ち焦がれるようになりました。

●息子が不登校をするようになった最初に読んだ本（1998年ごろ）

・『学校を疑う』（佐々木賢／三一書房）
・『21世紀の教育よこんにちは』（ジョン・ホルト／学陽書房）
・『脱学校の社会』（イヴァン・イリッチ／東京創元社）
など

●そのほかに当時読んだ「不登校」の本（1998年ごろ）

・『子どもはなぜ学校に行くのか』（渡辺位／教育史料出版会）
・『僕らしく君らしく自分色』（東京シューレ／教育史料出版会）
・『不登校　母親にできること』（富永祐一／筑摩書房）
など

●最近読んだ「不登校」の本（2005年以降など）

・『不登校・ひきこもりを生きる』（高岡健／青灯社）
・『不登校でも子は育つ』（親子支援ネットワーク♪あんだんて♪／学びリンク）
・『学校は行かなくてもいい』（小幡和輝／エッセンシャル出版社）　など

※不登校の理由・背景、子どもの年齢、好み、「不登校」をどうしたいかなどによっても適切な本は変わります。
本によって他者の価値観を完全に取り入れてしまって、自分の価値観・自分を見据える行為を後回しにされないよう願っています。

・なんで学校はできたの？
・いつできたの？
・誰がつくったの？
・教えるって何なの？
・じゃあ、教えられるって何？
・そもそも教育って何なの？
・学校へ行くことを当たり前ととらえているから、学校へ行かないことはふつうではなくなるけど、じゃあその「ふつう」って何なの？
・学校に行っている子どもには「なんで行くの？」と聞かないのに、どうして行っていない子どもには「なんで行かないの？」と聞くの？
・学校や教育がなかったら社会は成り立たないの？
・なんで学校＝勉強になってるの？
・学びたいものを学んだらいいいんじゃないの？

・学ぶって何？
・学校って何？……etc

こんなふうに、ひとたび疑問が生まれると、次々と出てくるんですよね。じゃあ、あれはなんで？　これはなんで？　それおかしくない？　わき出る疑問を一つひとつ深く掘って、根本から知っていく。

最初は、「学校に行かなかったら将来はどうなるの？」と、得体の知れない恐怖に襲われていましたが、タイトルに惹かれ、いちばんはじめに読んだ教育者・佐々木賢さんの『学校を疑う』や、教育者ジョン・ホルト、哲学者イヴァン・イリイチなどの本をたくさん読んでいくと、**学校へ通いつづけるほうが将来が不安**だと考えるようになりました。今の学校教育を見ていたら、心底そう思います。もといた場所が塀のなかでした。

学校を疑い、わたしの持つ価値観は、ほんとうは誰の価値観だったんだろう、といったところからスタートした調べものだったのですが、自分の基盤にあった価値観や、自分の好きな教育理念のデモクラティックスクール（サドベリースクール）に出会えたことは宝ものとなりました。

息子が不登校したおかげで、学ぶ楽しさを知ることができた！

図書館通いは今も続いています。

●どうして学校に行ってほしいんだろう、わたしは

子どもが学校に行きたくないと言い出したとき、不登校経験のない親は、「なんで行けないいんだろう、この子は？」と考えてしまいがちです。無理ないですよ、経験していないいんだもん、自分は。それにしてもどうして、そのように考えてしまうのか。

それは学校に行くのは当たり前（！）な前提があるからです。

子どもさんが「不登校」になり、なんとかしたいと思われるのであれば、まずはこの前提をはずします。でなければ、子どもさんの声は聞けません。そしてなによりあなた自身の声が、あなた自身に聞こえません。

前提のはずし方は、「なんで行けないいんだろう、この子は？」を、**「なんで行ってほ**

しいと思うんだろう、わたしは？」として、疑問符を自分に向けること。

するると、「えっ、そんなの当たり前じゃない」↓「どうして当たり前なの？」↓「だって……」と、どんどんどんどん自分への問いかけが続くようになります。

これは、ひと月の人もいれば、半年かかる人もいます。1年、2年、と要する人もいます。なにせ学校信仰は根深いですから、抑圧されてきた度合いも人それぞれ異なりますしね。

それでもそうやって自問自答し続けていくと、やがて、**恐怖が根づいていた**と気づかれると思います。そこまで掘り下げると、やっと、見栄や利己的な欲で見えなかった本当の願望と出会い、するとね、前提がはずれていきます。

ちなみにこの疑問符を自分に向ける自問の仕方は、「なんでお母さんの言うことが聞けないの？」↓「なんでわたしの言うことを聞かせたいんだろう？」といった具合に、あらゆる場面で使えます。

義務教育は「子どもが学校に通う義務」ではない

不登校とは学校に登校していない、ただそれだけです。

義務教育である小学校・中学校は、本人が「行かない」と言うのであれば、行かなくてよい場所です。「え、そうなの？」と思われる方はまだまだ多いかもしれません。

小中学校の教育が「義務教育」と命名されたために、たくさんの人が「学校へ行くのは子どもの義務」だと勘違いしているのではないでしょうか。わたしもそうでした。

しかしながら、これは間違っています。

義務教育とは、「子どもは教育を受ける権利があり、子どもの権利を守る義務が大人にある」という意味です。教育を受ける権利と受けさせる義務が、日本国憲法第26条に明記されています。

日本国憲法 第26条 第1項
すべて国民は、法律の定めるところにより、その能力に応じて、ひとしく教育を受ける権利を有する。

同 第26条 第2項
すべて国民は、法律の定めるところにより、その保護する子女に普通教育を受けさせる義務を負ふ。義務教育は、これを無償とする。

第26条第1項で、子どもの教育を受ける権利が定めてあります。
そして第26条第2項で、保護する子女に普通教育を「受けさせる」とあります。つまり、保護者にその義務があります。
これがいわゆる「**就学義務**」というものです。保護者は、子どもが小学校1年生、および、中学校1年生になるときに、子どもの教育を受ける権利を保障するために、小学校、および、中学校に行く手続きをします。保護者がこの手続きをせず、小学校や中学校に行かせずに、弟妹の世話をさせたり、子どもに働かせたり、監禁したりすると就学義務違反になります。

また、国や地方自治体（都道府県・市町村）は、学校の建物や施設をつくり、保護者同様、子どもたちの教育を受ける権利を保障しなければいけません。「義務教育は、これを無償とする」は、授業料を無償にすること、教科書を無償で配布することです（詳しくは179ページ「教材や制服はムダな買い物」参照）。

●「不登校」は義務教育違反でも就学義務違反でもない

日本国憲法第26条第2項にはもうひとつ、とても大事なことが記されています。**保護する子女に「普通教育」を受けさせる義務**、とあります。これ、「学校教育」とは記されていないのです。学校に通わせよ、とも記されていません。「学校外の義務教育」という選択は、憲法上は存在し得るとなります。

子どもさんが不登校をしていると、「不登校」は法律に違反しているのではと心配される親御さんがいらっしゃいます。**「不登校」は違反ではありません。**

いまだに「子どもは学校に行く義務があるから、学校に行かなければならない」と思っている方もいますが、小中学校に9年間登校しなければならないわけではありません。

一方、「子どもは教育を受ける権利があるんだから、親は子どもを学校に行かせなければならない」と学校や教育委員会、専門員の方から言われた、と話を聞きます。

情報をお持ちでない親御さんは反論ができずにつらい思いをされているのではないでしょうか。子どもがいつでも学校に行けるように親が就学義務の手続きをしている状態で、**子ども自身が学校に行きたくないと言って行かないのなら、行かなくても就学義務違反にはなりません。**

「不登校」は、学校教育法施行令第20条でいう「出席させないことについて保護者に正当な事由がある」とみなされ、出席督促の対象ではありません。

つまり、子どもも、親も、なあんにも違反していないのです。行かないからといって罰せられません。

子どもの心と体を守り、意思を尊重するのが最優先なので、「子どもを休ませます」

と堂々と学校に伝えてくださいね。

1989年に国連で採択された、子どもたちの「子どもの意見表明権」や「子どもの最善の利益を優先する」などを定めた「子どもの権利条約」を日本は批准《ひじゅん》しています。

憲法と同様に守らなければならないことであり、つまり、子どもが「学校に行きたくない」と言ったときは、親はその意見を聞き、これからどうするかを子どもといっしょに考えて決めなければいけないのです。

子どもの権利条約には、表現の自由、情報の自由、集会・結社の自由などが保障されています。

子どもたちに「あなたたちにはこういう権利があるんだよ」と、きちんと知らせていくことは重要です。「子どもの権利条約」の本は子どもも理解しやすいように書かれたものがあります。わが家にも何冊かあって、子どもたちも読んでいました。

『子どもによる子どものための「子どもの権利条約」』（小口尚子・福岡鮎美／小学館）、

子どもの人権について

●子どもの教育を受ける権利（上位法より順に）
・世界人権宣言第26条　「教育を受ける権利」
・子どもの権利条約第28条　「教育への権利」
・日本国憲法26条　「教育を受ける権利」

●日本国憲法
第13条　個人の尊重と公共の福祉
すべて国民は、個人として尊重される。生命、自由及び幸福追求に対する国民の権利については、公共の福祉に反しない限り、立法その他の国政の上で、最大の尊重を必要とする。

第23条　学問の自由
学問の自由は、これを保障する。

第26条　教育を受ける権利と受けさせる義務
第１項　すべて国民は、法律の定めるところにより、その能力に応じて、ひとしく教育を受ける権利を有する。
第２項　すべて国民は、法律の定めるところにより、その保護する子女に普通教育を受けさせる義務を負ふ。義務教育は、これを無償とする。

『ぼくらの権利条約』（喜多明人・立正大学喜多ゼミナール／エイデル研究所）、『子どもの権利　中・高校生向』（小笠毅／日本評論社）などです。

勉強の場は学校以外にもいくらでもある

●娘が言う「学校ってこうすればいいのに」案

「学校が魅力的だったら行く」と言っていた海琳。公の学校の先生が当時6歳の彼女に「どんなのが魅力的な学校？」と聞いたとき、次のように答えました。

・教室を、1年1組とか、2年2組とかで分けるのではなくて、この教室は算数の部屋。こっちは国語の部屋っていうふうに、科目で教室を分ければいい。

・算数の部屋に入るのは算数を学びたい子だけ。

・算数の教室はなん個かあって、各教室には先生がいてる。算数を学びたいなっておもって算数を選んで、どの先生に教えてもらうかも子どもが選べる。
・時間も1時間目とかじゃなくて、チャイムはないねん。だから何時間でもやりたいだけ算数ができる。チャイムがなったらもうそこで終わりとかと違うから、読みたい本もずーっと読んどける。
・図工や絵を描いたりもそう。
・先生だけじゃなくて、いろんな人がいて、いろんなこと教えてくれるねん。将棋やったり、パソコンやったり、編み物やったり。
・入口の入ったとこ（エントランス）に大きな掲示板をおいて、今日はどんなクラスがあるのか。それがみんなの時間割。
・教えるのは先生や大人だけではなくて、6年生の子が2年生の子に教えてあげたり、5年生の子が3年生の子に教えてもらったり、いっしょにしたりする。
・静かにする教室と、わいわいおしゃべりできる教室がある。
・教室、あんなにあまってるねんから。設備も整っているんだし。
・花の好きな子は花壇にいつだって行ける。うさぎが好きな子だってうさぎに会える。

・運動場だって、いつでも使える。

●日本のデモクラティックスクールへ通った

学校でありながら、カリキュラムやテストのない学校もあります。デモクラティックスクール（サドベリースクールとも呼ぶ）がそれです。

アメリカ・ボストンにある「サドベリーバレースクール」の教育理念に共感し、それに基づいて設立・運営されているオルタナティブスクールのひとつです。

「学校って、ただ座っているだけでなんでも教えてくれるやん。そんなんつまんない」と言っていた海琳は、デモクラティックスクールに通うようになりました。海琳にとって、この学校はとても魅力的だったからです。

海琳が小学校の修学旅行の参加を断ったとき、学校の先生に公の学校とデモクラティックスクールの違いを尋ねられて、彼女はこう答えていました。

「行ったことのない海外に、パックツアーの旅行で行くのと、個人で行く旅との違い

デモクラティックスクールの教育理念

- 自分の好きなことを学ぶ……何して遊ぶか、何を学ぶか、すべて自分で決める自由があります。
- カリキュラム&テストなし……強制や評価されることなく、自分のペースで学んでいきます。
- 子どもの尊重……子どもたちは、大人から尊重され信頼されている環境で育っています。
- ミーティングで話し合って決める……学校の運営はみんなの同意のもとで決めていきます。
- 年齢ミックス……年上の子と年下の子の間で学び合いが深まります。

（democratic-school.netより）

かなあ。ツアーは楽やん。申し込めば、あとは企画にのっかるだけやから。なにもかも決まってて、「楽しい」まで用意されてあるし。いちばん違うなとおもうのは、ツアーは、ゴールがスタート前に用意されてあるとこ。トラブルやハプニングが起こらないよう注意して、ちゃんと無事にゴールまで行くことが大事。目的を達することが目的やん。仮になにかトラブルとかがあったって、その処理は旅行会社の人がしてくれる。客は自分ではなにもしないで、文句は言うけど、でも指示を待ってる。

個人やと文句言うてても始まらんから

自分らで処理せなあかん。宿だって、一軒一軒訪ねて、部屋見て、値段交渉して選んでいく。移動も調べる。なにもかもぜ～んぶ自分らで決める。でもその過程も旅やん。気にいった町なら居たいだけ居たりして、終わりが決まってないねん。デモクラティックスクールってそういうとこで、迷いながら、話し合いながら行く。それがおもしろい」（前著より）

海琳が行っていた大阪のデモクラティックスクールでは、修学旅行、遠足、運動会などの年間行事もいっさい決まっておらず、ミーティングで話し合って、お金はどうするのか、どの交通機関を利用するのかなども含め、みんなで決めます。

海琳が「みんなでUSJに行きたい！」と遠足のようなイベントを発案し、それがみんなに採用されたこともありました。

デモクラティックスクールは、2019年6月時点では、世界各国のほか日本全国にも20校以上存在していて、これからも増えていくと思います。また、デモクラティックスクールについて日本で読める書籍には、『自分を生きる学校：いま芽吹く日本のデモクラティック・スクール』（デモクラティックスクールを考える会／せせらぎ出版）や、『世界一素敵な学校～サドベリー・バレー物語』（ダニエル・グリーンバーグ／緑風出版）などがあります。

●「勉強ってなんだ？」親の私もずっと考えていた

息子が小学校に行かなくなったとき、天と地がひっくり返ったわたしでしたが、学校の勉強をしないことにはなんら不安は生じませんでした。わたし自身が高校生のときに、学校の勉強のくだらなさを身をもって味わっていたからです。

わたしが通っていた高校では、中間や期末試験には、教科書に載っている問題がそのままテストに出ました。たとえば数学では「次の方程式を求めよ」という問題も、全部教科書に載っている例題のままです。地理や化学、物理や英語も同じです。

そんなふうだから授業をろくすっぽ聞いていない、塾にも行っていない、家でも勉強しない、そんなわたしでも、テストのときだけ一夜漬けで「覚え」て、高得点を取れたのでした。おかげで通知表には「５」が並びます。ところが「覚えた」だけなので、な〜んにも理解していません。だから、出される問題が教科書に載る例題通りでない実力試験等になると、後ろから数えたほうが早い成績結果です。

それなのに親や先生は、通知表の「5」を見て、「頭がいい」と言うのです。

頭がいいってなんだ？　成績ってなんだ？　点数化された成績に序列をつけて、高ければ賞賛する（上の者が下の者を評価する）やり方に、すごく腹を立てていました。

なのにそれでもテストを受け、結果を気にしたりする自分がいる。勉強ってなんだ？

やめたいのにやめられない麻薬？

●クッキー焼くのも勉強だ

学校の勉強とは何か？　学生になってもずっと考えていましたが、「今日から社会人だよ」と言われたとき、その答えがフゥッと降りてきたのでした。**学校の勉強は、「自分」から自分を引き離し、好奇心をつぶし、子どもたちを社会から隔離させるための恐怖でできた鎖**だった。確かに麻薬であり洗脳でした。

勉強（学習）は、恐怖ではなく、好奇心によって学ばなきゃいけない。というか、

学びを衝き動かすものは、誰もが生まれながらにして持っている好奇心です。知ってみたい！　やってみたい！　と、内からわき出るもの。だから、学ぶものや、学びたいときや方法は、個々で異なっているのが自然です。「学ぶ」行為のなかに、学校の勉強もあるのであって、学校の勉強がイコール、学びではないのです。

強制させられてした学校の勉強、恐怖でできた鎖は、大人になってもつながったまま。会社等での不当なことや理不尽にも黙って従う大人になってしまうのです。

息子がまだ登校していたころから、学校を休んで、遊びに行ったり買ったばかりのゲームに没頭したりしていても、勉強に対して何の恐怖もわかなかったのはありがたかったです。

学校に行かなかった日々、息子は（海琳も）、学校の勉強はしなかっただけで、やりたいことをすることで何かを学んでいたのでしょう。**他者の学びを奪う権利は誰にも（親にも）ありません。**

夜になると見えるたくさんの星。輝くそのどれもが「勉強星《べんきょうせい》」です。「学校の勉強星」や「ゲームを進めるために悪戦苦闘する勉強星」、「ラブレターを書くために四苦八苦する勉強星」、「ギターの練習をする勉強星」、「クッキーをじょうずに焼きたい勉強星」、「旅行計画をたてる勉強星」、「wikipediaを読みあさる勉強星」など、「学校の勉強」以外にも、数え切れない数の「勉強星」が光り輝いています。実際の星といっしょで明るいと見えないんだけどね、あるんだよ。

最近、わたしは『マクベス』（シェイクスピア）について勉強しました。マリインスキー劇場（ロシアのサンクト・ペテルブルクにあるオペラ・バレエ劇場）で『マクベス』のオペラを鑑賞するのを、より楽しみたいためです。

学力低下が叫ばれていますし、わが子が学校に行かなくなると、「でも勉強はどうしよう……」と考えたり、不安になったりもしますが、大人の側の「与えよう」、「身につけさせよう」とするものと、子ども自身が今「得たいもの」、「求めているもの」とにズレがあるだけです。

個性や個人差を無視した、小１の１学期には◯◯を、小２の２学期では△△、と要求されている「学習指導要領」に縛られているだけです。加えて、学校で教わる教科科目は、先生に教えてもらわないと勉強できないと思い込んでいます。

学校の科目勉強であれば、家でも、どこでもできます。ましてやインターネットがあるんです。使わない手はないですね。「小１　算数」とか「小２　漢字」などと検索をかければ、テストやプリントのデータが出てきます。独学でやってもいいし、タブレットで学習する通信教育塾、スマホを利用するＷｅｂ学習などもあります。従来の塾や家庭教師もありますしね。

学ぶより教えることが優先されている社会。**大切なのは勉強させることではなくて、いつだって、誰だって、自分にとって必要なものを学んでいるんだ、と気づくことで**す。

今あなたがこの本を読んでくださっているように！

学校に行かなくても勉強しなくても、稼ぐ大人になれる

不登校でも、将来、就職できるのか？

わたしたちのトークライブなどで「子どもが不登校なんですが、将来、就職できるでしょうか？」といったご質問をよくいただきます。これね、子どもさんが7、8歳だったり、12、13歳だったりするとまだ実感がわかないかもしれませんが、17、18歳くらいになってくると、日ごろ「子どもを信頼している」人だって、どうしても不安がよぎるでしょう。

これは「**学校**」を、「**将来**」**につなげて考えているから**です。「恋愛」を「結婚」につなげていたら悲劇でしょ？　学校に順応できるかと、社会に順応できるかはまったく別問題です。

極端なたとえかもしれませんが、刑務所（学校）にちゃんと順応できなければ、シャバ（社会）に出たとき、シャバに順応できない、と思いこんでいるようなものです。映画『ショーシャンクの空に』のシーンにもありますが、シャバでも刑務所のときと同じようにトイレへ行くのに許可を求めてしまう、でもトイレに行くための許可はいらないんですよね。お水だって自由に飲めます。禁止なんて誰もしていません（しているのは自分！）。刑務所（学校）に順応しないほうが、シャバでは身軽に生きやすいのです。

小・中・高と行かず、科目勉強もせず、18歳から働いている息子はこう話します。「登校する人は登校する、不登校する人は不登校するのと同様に、引きこもる人は引きこもるし、社会に出る人は社会に出る。すべてにおいて「イコール」は存在せず、人それぞれ、ケースバイケースで変わる。学校が合わなくて不登校をした人が、自分の肌に合う場所で順応して働くこともあるし、大学卒業まで一度もつまずかずに過ごした人が、社会で順応できないこともある。わが子が学校に行かなくなって、『このまま大きくなったら働かずにニートになってしまうんじゃないか』と思う親は多い。けれど、『なってしまう』、だから『学校に行かせなきゃ』と思いこんでいるのなら、スマホを使って検索してみるところからでも、世界を広げたほうがいい」

こう話す息子自身は、**「やりたい仕事かどうか」ではなく、「働き方」に重点をおく人**です。「誰に言わなくても、許可をとらなくても、休みが取れる」「通勤しなくていい」という働き方をかなえるために、フリーターや会社員も経験後、今は自営で働いています。

多種多様化していく社会のなかで、自分はどんな生き方が心地いいのか、どんな働き方を好むのか。しあわせの基準は本人が決めるもので、まわりの人や親が決めることではありません。

わたしの友人にも、いろんな人がいます。3000万円の家を買うぐらいなら、と1000万円のお店を3店経営して、お金儲けに励んでいる人もいます。自給自足でお金のかからない暮らしをしている友人もいます。フリーランスや、1年のうち半年だけ働いて、残りの半年は趣味に没頭している人もいます。劇団員やミュージシャン、フリースクール等のスタッフなど、やりたいことをやるためにアルバイトもがんばっている人もいます。

また、ひとつの会社、ひとつの職業から、収益を得ていくのではなく、収入源が、2ヶ所、3ヶ所……、5種、10種……、そんなのはすでに珍しくありません。

●子どもの起業やユーチューバーだっていい

「学校に行っていなくても働けるようになるのか?」は、要は「食べていけるようになるのか?」「稼げるようになるのか?」だと思うのですが、**不安の正体は、「お金」**ですよね? 人間は、お金がないと死ぬと思っています。それなのに子どもからはお金の話を遠ざけます。その上、学校を出ないとお金は稼げないと思っています。

大学生起業家が注目されていたのがずいぶんと前に感じるほど、数年前からは中高生の起業家が登場しています。株式会社7sense代表の吉田拓巳さんや、株式会社AMF社長の椎木里佳さん、株式会社GNEX代表の三上洋一郎さんたちのようにメディアにひっぱりだこの人たちから、当時11歳だった海琳が起業したように無名な若者まで含めたら、その数はひとりやふたりではありません。

仮に今、子どもさんが「ユーチューバーになりたい！ 協力して！」と望むなら、親もいっしょにユーチューバーになれる方法を考えていく。アクセサリーなどをつくるのが好きで、つくったものを「販売してみたい！ どんな方法があるのか、いっしょに考えて！」と言っているのであれば、従来の方法に加えて、ハンドメイド作品を売り買いするサイト「minne（ミンネ）」や「Creema（クリーマ）」など、ネット販売の情報収集もしていくといいですよね。

1個でも売れれば、それは事業です。**自分の知恵と度胸でお金を稼いだ**のです。

わが家の子どもたちもそうでしたが、**お金を稼ぐために、一つひとつの作業を通じ、創意工夫して働く原体験を幼少期のころから積んでいくと、お金に対して当事者意識を持つ人になります。**

この能動性は人生を楽しむ力となり、いつだって、どんなことにだって、できる方法を考えていく人間になります。そしてなにより、仕事の喜びとは何か？ 楽しさとは何か？ を全身で感じることを経験していけるのです。

第2章

不登校になって伸びた能力①
遊んでいたから「学力」がついた

娘・星山海琳

コミックで漢字を覚えた

子どもはみんな、自分の「好き」や「したいこと」を知っています。赤ちゃんだって、好きなもの、楽しいことの前で笑顔になったり、嫌いなものやいやなことを前にすると泣き出したり不機嫌になったりします。

けれど、自分の好きなものがわからない、したいことがない大人はたくさんいます。大人はみんな子どもだった。つまり、**生まれてこのかた「好きなこと」も「したいこと」もない人間だったわけじゃなく、いつの間にか見失っている**のです。

見失った大人たちのほとんどは子どものころ、好きなこと、遊び、楽しいこと、そして親にとって無価値に感じられた行為を、叱られたり怒られたり、取り上げられたり、それよりももっと意味のある、役に立つことをしなさい、とねじ曲げられてきています。

たとえば7歳くらいのころ、わたしはそれまで長かった髪を坊主にしたり、下着にはトランクスのパンツを選んだりしていました。そのときのわたしがしたかったことです。

大人が「そんな小さいこと」と思うことでも、日々のあらゆる瞬間に親が「将来」や「人の目」、「他者からの評価」のために、権力を用いたり、子どもの恐怖心を煽って誘導していくうち、子ども本人は自分の好きなこと、したいことを見失っていきます。

「学力」は偏差値ではなくて「子どもが自ら学ぶ力」

「学力」とは、その指標はたいていの場合、偏差値、テストや試験の点数、学校内の順位や成績表、といったものでしょうか。

でも、わたしにとっての**学力は、「学ぶ力」**です。この「**学ぶ力」は、好きなことをしているとき、したいことをしているときに伸びていきます。**

「学ぶ力」が高い子どもは、学ぶことを楽しんでいます。それは子どもにとって遊び。

なぜなら、そのことが好きで、興味や関心があって、権力や恐怖心とはかけ離れたところで、自分自身が欲しているから。

母は「遊びこそが学び」と考えている人です。6歳のときのわたしのようすを、母は前著に次のように書いています。

かれこれ3時間、『ONE PIECE』のコミックを開いて、なにやら書いています。なにをしてるんだろう？　背中越しに覗くと、「載ってる漢字、書いて遊んでんねん」と、娘のキラキラした声が返ってきます。（中略）『ONE PIECE』の1巻の1ページ目には、「富・名声・力・世の全て・手に入れた男・海賊王・彼・死に際・放った・一言・全世界・人々・海・駆り立てた・財宝・欲しい・探す・置く・大海賊・時代・迎える」。1ページ目だけで、これだけの漢字が書かれてあります。

漢字をきれいに書きたくて、「富」の漢字を、自分が納得するまで何度も何度も書いて練習しています。漫画にはふりがなが振ってあるので、インターネットで筆順を調べるのも簡単。ついでに言葉の意味も調べているみたいです。

やがて満足のいく「富」が書けるようになると、別のノートに１回だけ「富」をしたためます。そうして次の「名声」に進んでいくようです。ペンだこができた中指に絆創膏《ばんそうこう》を巻き付けて、次の日もその次の日も、この遊びはつづきました。


このときのわたしは、何かを学ぼうとしていたわけじゃなく、ただただ遊んでいました。漢字を覚えたというと聞こえがいいけれど、それは「学校的」な見方です。

学ぶことは本能的な喜び。これは、遊びのなかにあります。たとえば漫画の台詞《せりふ》をまる暗記してしまう子どもや、ゲームの世界のことをしゃべり出すと止まらなくなる子どもがいますよね。誰もが何かを学んでいます。

学びは「学校的」な枠にとどまるようなものではありません。

だから、大人がその学びを叱ったり取り上げたりせずにいたら、子どもは持って生まれた頭のよさをそのまま育《はぐく》んで、磨いて、使い込んでいく。そんな人たちの集まる家庭は、世の中は、とてもすてきです。

6歳でホームページをつくる

わたしが4歳のころ、わが家にパソコンがやってきました。その後6歳ごろ、わたしは自分の携帯を持ち、母と「雨があがったよ。おそらみてー」や「今日はひかりがきれいだよ」といったメールのやりとりを楽しむようになりました。

6歳のときには、兄につくり方を教えてもらい、ごはんもそっちのけで、14時間かけてホームページの骨組みをつくっていました。次の日も次の日も集中し、約1週間で完成。簡素なものだったけど、とっても楽しくて、それ以降も、ブログや他のホームページづくり、カスタマイズがおもしろくて、遊びは続いていきました。

子どもの「なんで?」は学ぶ力の根っこ

そのころから、わからないこと、気になることは何でもすぐに調べる性格でした。

たとえば家族でご飯を食べているときでも、会話のなかで出た疑問や、テレビで気になったことなどがあったら、大好きな食事をほんの一瞬中断して席を立って、パソコンで調べる。今ならスマホでできますけどね。これは面倒くさがりなわたしにしては珍しく、まったく苦にならない作業なんです。

子どもって、「なんで」「どうして」と、よく言いますよね。

たとえば身近な親にたずねる。そして、答えをもらって、ふうん、そうなのか、と知識の箱に物を増やしていきます。

知識だけでなく、感じるものもある。これはもちろん、「学び」です。

学力は「学ぶ力」です。そして、その力がきらめいたときに、学ぶことを他人から止められない環境でこそ、学力はすくすくと伸びていきます。

でも大人からは、子どもに「なんで」「どうして」と聞かれるのがうっとうしい、という話をよく聞くんですよ。街なかでも、親が「どうでもいいでしょ」「あとでね」

「知らない」と子どもをはねのけている光景をよく見かけます。

学校でももちろん、学校の提供することを教わるのが最優先です。

わたしも、わからないことは図書館やネットで調べましたが、もちろん母にもたくさんたずねました。ときには「わからない」との返事もありましたが、うっとうしいという態度ではなく、いつもわたしの質問に向き合ってくれました。

「なんで」「どうして」に答えをもらえず、あるいはいやな顔をされてきた子どもは、やがて他人にたずねることをしなくなります。そして大人や学校が教えたいことだけを教わり、主体的な「学ぶ力」で学ぶことから遠ざかっていく。

でも、制限をかけたり、否定したりしなければ、あえて何かを与えたり引っ張り上げようとしなくても、子どもは好奇心をもって、学力の木を伸ばしていきます。

ぐんぐんと。

小・中・高に通わなかったわたしが「行ってみたい」だけで大学へ行った

大学へ行こうと思ったのは17歳の８月のとある昼間、母親と自宅でお昼ごはんを食べ終わって、コーヒーを飲んでいたときでした。トークライブなどでもよく「なぜ大学へ行こうと思ったのか」とご質問をいただくんですが、これといった動機はないんです。

わたしが何か新しく行動を起こすのは、引き寄せられるように**「興味が自然発生した」**ときか、**「何かから影響を受けた」**ときか、**「必要に迫られた」**ときの３つです。

大学を志したのは、自然発生の興味からでした。子どもが何か遊びをはじめるときには計画や意図なんてなくて、降ってわいたように、流れるように遊びを変えていくものですが、それと同じ。

大人が教えたいことだけを教わる学校のシステム、押しつけられる教育が好きではなかっただけで、大学での学びのシステムが小・中・高とは異なるとはもちろん知っていました。

学校の勉強をしてこなかったからこそ、わたしは学ぶことを嫌いになんてならなかったし、学ぶことの楽しさ、おもしろさには、むしろ親しんでいたのです。

わたしが小・中・高へ通わず大学へ行ったこと、まったく勉強してないところから約2ヶ月半で高等学校卒業程度認定試験（高認）に合格したことに、特別な価値はありません。大学へ行っても行かなくても、同じです。

けれど、何か**価値があるとすれば、それは「大学へ行ったこと」ではなく、「大学へ行ってみたいと思ったときなんのためらいも懸念もなかったこと」**と思っています。

学校に行っていなかったり、勉強をしてこなかったことを卑下せず、特別とも思っていなかったからこそ、わたしは自分がやりたいと思ったことにひとつのハードルも設けなかったし、だからこそ、実際に何もハードルにはならなかった。

それはきっと、ほかならぬ親、とくに母親から、好奇心にも、学ぶことにも、水を差されてこなかった証しです。

14歳のときに写真の個展を開催

学校に行かなくなって確実に変わるのは、学校生活に使っていた時間が自分のものになることです。

24時間をまるごと、自分の好きなように使えるんです。したくないと思っている勉強や宿題を、しなくていいようになる。そうしたら、子どもの日々はどんなに楽しくなるでしょう。

持って生まれた集中力を存分に使って、やりたかったこと、やりたいこと、興味のままに遊ぶ。覚えようとしなければ覚えられなかったことではなく、好きなことで頭をいっぱいにする。

学校へ行っていなかった間、わたしが具体的に何をして日々を過ごしていたのか、よく聞かれます。

たとえば絵を描く、文章を書く、本を読む、写真を撮る、考える、景色を眺める、旅行をする、サイトをつくる、音楽を聴く、ドライブをする、映画を観る、ラジオを聴いたりテレビを観る、図書館へ行く、ギターを弾く、美術館へ行く、ブランコや鉄棒で遊ぶ、食玩を集める、古本屋をめぐる、日常で気になったこと・知らない言葉などを調べるなど、書ききれないほど多くのことをしていました。

14歳のときには、友人のギャラリーカフェで写真の個展をしたこともあります。これもすごく楽しい経験でした。

でも、**「何をしていたか」に意味があるわけではない**んです。スポーツにもゲームにも、その意味に違いはありません。成果や目に見える行動に意識が向きがちだけれど、大切なのは、それらをしている子どもの感情です。

子ども自身が選ぶことに、なんでも意味があります。たとえば親が「学校へ行かないかわりに塾や家でちゃんと勉強しなさい」と強いることも、「外へ出て運動しなさい」と急《せ》かすことも、学校へ行かせるのとほとんど変わりがないです。

写真上：アゼルバイジャン・バクー。
　　下：ポーランド・ワルシャワ（ともに2018年撮影）。

●「学校には行かなくていいけど、勉強はしようね」では意味がない

小学校にまったく通わなくなるまでの間はその日ごとに、過ごしたいところで過ごしていました。

デモクラティックスクール（サドベリースクール）に通う日、家で過ごす日、小学校へ行く日、といったように。プールが好きだったので、プール授業の時間だけ小学校へ行って、そのあとデモクラティックスクールに行く日もあったんですが、あるとき「先生の笛で行動を操作される授業」だと気づいてからは、プール授業へも行かなくなりました。

子どもが学校に行かなくなったとき、親はよく「学校には行かなくてもいいけど、勉強はしようね」と言いますよね。

子ども自身が学校の勉強をしたいときはもちろんすればいいんですが、そうでないなら、**大人が勉強を強要したり仕向けたりしても、何ひとついいことはありません。**

「どうして勉強しなきゃいけないの」と口をとがらせる子どもに対して、「今はわからなくても将来は役に立つんだよ」と、大人はよくなだめます。でも、**「将来、役に立つ勉強」**は、**「今は役に立たない勉強」**です。

子どもが、学校の勉強がなんの役に立つのかと問うている時点で、子ども自身は今その勉強を必要としていないとはっきりしています。

子どもは、自分にとって必要なものなら自分でわかるし、おもしろいことなら「なんの必要があるのか」なんて考えている暇はありません。

勉強によって何かを知ることはムダじゃない。けれど、やりたくないのに時間とエネルギーを注ぎ、ストレスを受けつつ、本来やりたいこと、興味のあることに触れられないとなると、学校の勉強にそれほどまでの価値は、まったくない、とわたしは思います。

学校に行かないことで生まれる時間は、役に立つらしい勉強ではなく、今したいことに使いましょう。

学校に行かないとできないことが増えるんじゃなくて、学校に行っていないからこそ、できることが増えるんです。

●高等学校卒業程度認定試験は絶好の遊び

大学へ行ってみて、そこで学んでみることが当時のわたしにとっての「遊び」だったのですが、そのための過程もまた、ひとつの「遊び」でした。

わたしが受けた高等学校卒業程度認定試験（旧大検）、略して「高認」は文部科学省による国家試験で、高校を卒業していない人でもこの試験に合格すれば高校を卒業した人と同程度の学力があると認められる制度です。学歴にはなりませんが、これを使って、大学や専門学校の受験ができます。

試験は8月と11月の年2回。わたしが大学へ行くことを思い立ったのは8月半ば、11月の出願がはじまるころでした。

試験結果が自宅に届くのは約1ヶ月後で、全科目に合格していれば、センター試験や大学の一般入試も受験できます。

高等学校卒業程度認定試験　概要

満16歳以上であれば、大学入学資格のないほとんど誰でもが受験することができる。合格のための科目数は、選択によって8〜10科目。

・国語総合　　・数学Ⅰ　　・英語Ⅰ
・世界史A or B
・日本史A or B　あるいは　地理A or B
・現代社会　あるいは　倫理＋政治・経済
・理科総合、物理Ⅰ、化学Ⅰ、生物Ⅰ、地学Ⅰのうちから2科目

年に2回、8月と11月に行われ、上記の科目すべてに合格すると、高認資格を得ることができる。

※上記は2013年当時のものです。科目や合格条件は2014年に変更されています。詳しくは文部科学省高認公式サイト（www.mext.go.jp/a_menu/koutou/shiken/）参照。

そこで入試に受かれば、次の春には大学生。

小・中・高での12年間の勉強を2ヶ月半にぎゅっと詰め込み、6ヶ月後には大学に合格する。「こんなに楽しいスケジュールってあるだろうか？」と、いっそうワクワクして、うきうきと勉強に取りかかりました。

数学で苦しむも、国語と現代社会は無勉で合格！

●九九は1、2時間でおぼえられる

8科目の勉強を計画していくなかで、最初に壁になったのは数学でした。ほかの科目と違って、数学はそもそも問題文が何を言っているのかわからず、考える手がかりもないのです。

かんたんな足し算、引き算は小学校で習いましたが、早々に学校へ行かなくなったのでそれ以降の算数・数学は一度も学習していません。九九だって、知っているのはよく耳にする「ににんがし」くらいのもの。それまで数学に興味がなかったわたしは、できない計算があったときには電卓を使ったり、その場にいる誰かにたずねたりしてきました（これを恥ずかしいと思ったこともありません。**興味のない学習をせずに興**

味のある遊び＝学びをしてきた、ただそれだけだったからです）。

まずは九九を暗記するところからはじめてみました。かかった時間は1、２時間ほど。続けて掛け算、割り算、小数点、分数……と勉強し、小学校６年間で学ぶ算数を３日、約20時間で終えました。

早い、と感じるかもしれません。けれど、わたしの覚えが早かったのではなく、これって当たり前だと思うんです。

本来、算数を習いはじめるのは７歳になる年ですが、このときのわたしは17歳。40歳から50歳の10年間ならそれほど差はないかもしれないけれど、**６歳や７歳と17歳の約10年間では、理解力はぐっと成長します**よね。それに、実際に計算が必要になる場面もたくさん経験しているから、計算への慣れや現実感もある。

なにより、このときわたしがした勉強は、「やりたくない勉強」でも「先生や親から強制される勉強」でもありません。自分がやりたくてやっていること、今の自分に必要になったもの、です。

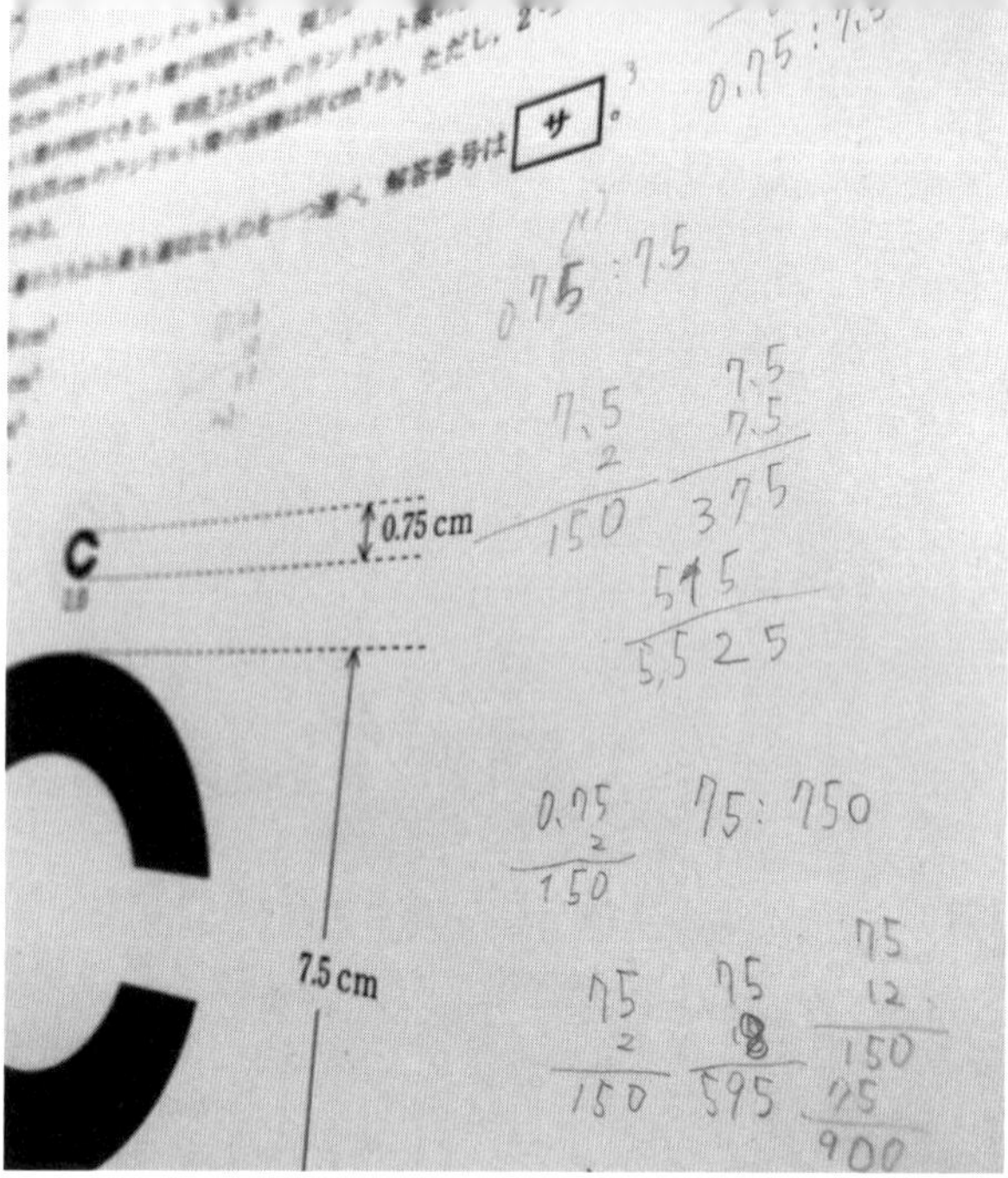

実際の高認の数学の問題用紙。手書き文字は星山が計算した跡。

ゲームが好きな子どもは、親に叱られてもゲームを毎日やり続けます。漫画も、ユーチューブを見るのも、苦もなく毎日続けられるのは、「やりたいこと」だからです。

このときのわたしの勉強は、これと同じでした。**勉強を「やりたい」と思ったわたしが、17歳の理解力、経験で取り組んで、6年もかかるわけがありません。**

じゃあ、なぜ小学校では6年もかけるのか？　やりたくないこと、おもしろくないことを、**教室にいるまだ幼い子どもたち全員に続けさせ、浸透させ、詰めこ**

んでいくには6年の歳月が必要なんだ、というのがわたしの気づきです。

●数学の学習は計12時間

高認に合格するための8科目のうち、7科目は独学で勉強しました。唯一、誰かに教わったのが、やはり数学。2ヶ月半では時間が足りないだろうと、塾へ通いました。目的は数学の勉強ではなく高認合格なので、高認向けのコースがある塾をネットで調べ、ひととおり足を運び、そのなかで、こちらの希望（数学だけを教わりたい、11月に間に合わせたい）や、都合（立地や料金）、好みなどに合うところを選びました。

バイト終わりに塾へ行き、マンツーマンで1時間。これを週1回、全12回。時間にすれば12時間の学習で、高認の数学にも合格しました。

もちろん1週間で個人的に復習予習もしましたが、画期的な学習法とかではないんですよ。「九九と分数くらいは覚えてきました」というレベルのわたしに、約2ヶ月半のスケジュールで丁寧に、理解できるように指導し、自信を持たせてくれた先生との出会いがあったからです。おかげでわたしはこの時間を楽しみに塾へ通い、カフェで閉店まで復習をしたり、数学を嫌いにならずに勉強を続けられました。

●過去問を解けば、勉強しなくてよい科目がわかる

高認では、国語、数学、英語、世界史A、地理A、現代社会、生物I、地学Iを受験しました。このうち、ほとんど勉強しなかったのが、国語と現代社会です。

試験の過去問は、文部科学省の高認公式サイト（69ページ）で公開されています。これを2、3回分くらい解いてみて、それほど苦労せず安定して（余分に見積もっても）70点台がとれていたら、その科目は勉強しなくてもいいかもしれません。

わたしの場合は、国語と現代社会のどちらも90点近くとれていたので、ほかの科目に時間を費やすことに。そのあと試験までは2、3度、過去問を解いたっきりでしたが、実際の試験結果では、国語はA判定、現代社会はB判定でした（試験の約1ヶ月後に郵送される合否書類に、科目ごとの合格成績がA～Cの3段階で記載されていま

す）。

●国語、現代社会は本好きには楽勝

国語の試験内容は、漢字・現代文・古文・漢文。現代文に関しては、多くの人が高得点をとれるような内容だと感じました。

わたしはこのときまで古文・漢文に触れたことがなかったのですが、ちょっと予習しておけば、解答は４～５択なので半分くらいは勘で当たります。漢字と現代文を落とさなければだいたい合格点に達する配点なので、よほど苦手意識がなければ大丈夫でしょう。わたしもそうですが、読書の好きな人にとっては、より簡単かもしれません。

現代社会は、知識を問う問題もありますが、グラフなど、きちんと読むだけで解答できる問題も多いです。集中力を切らさず、知っている単語を当てはめていけば、きっと合格点に届きます。

●英語はひたすら単語と文法を覚えた

数学のほかは、英語、世界史A、地理A、生物I、地学Iの5つに時間を費やしました。

当時は、平日ほぼ毎日、朝から夕方まで飲食店のアルバイトをしていました。そのため、平日の勉強は、朝、自宅で20分くらい（暗記や過去問）、バイト先までの電車内で往復1時間くらい（暗記）、あとは帰宅した17時ごろから就寝前（0時〜1時ごろ）まで。

たとえば英語。このときわたしは、ｂｅ動詞さえもなんなのか知りませんでした。「主語＋動詞」の意味もあんまりよくわからず、中学英語のやさしいやさしい、丁寧すぎるほどの参考書を選んで文法用のノートをつくり、空き時間に単語を暗記しました。

でもやっぱり付け焼刃ではむずかしく（当たり前）、試験当日はほとんど勘と運。ぎりぎりの合格でした。

●生物、地学――覚えたものがテレビやネットに出てきた！

ありがたいことに高認では、例年、同じような問題が出題されます。この「同じような問題」をはずさないことが大事。そうすれば、もしまったくわからない問題があっても、たいてい合格点には届きます。

高認を受験できるのは、早くても高校1年生の年齢（上限はありません）。**教科学習をしなかった人も、それだけ生きていれば日々の会話で本で、ネットで、テレビで映画でゲームで、さまざまな情報や知識をたくわえていますよね。それらにちょっとつけ足すだけで合格できるのが、高認です。**

わたしの場合、まったくの無知だったのが、生物と地学。絵図入りのわかりやすい参考書をひたすら読み、ノートにまとめ、とにかく過去問を解きまくりました。細胞の絵図なんか本当に苦手で直視できなかったんですけど、そんなわたしでさえ70点くらいは取れていたので、安心してください。

楽しいのは、このときはじめて知った単語などが、テレビやネット、本のなかに出てきていたと気づけるとき。たとえば岩石の名前や、ハッブルの法則のこと。何度もテレビやネットで見たり聞いたりしていたはずだけれど、それまで知らなかったわたしは気づいていなかったんです。それらを知ることができたのも、すごく新鮮な体験でした。

世界史は旅行好きが役立った

海外へ旅をすると、訪れた国はぐっと身近に感じられますよね。実際の空気や建物、街と人びとを知るから。国間を陸路で移動すればなおさらです。

この感覚は、世界史を勉強しているときにも役立ちました。教科書や参考書を読んでいても現実味があるし、遠い異国の地の話ではなくなるんです。

とはいえ、ほかの科目に比べれば前知識があったくらいで、それもわずかなものです。知らないことを知ったり、知識を深めていくのは、本当におもしろい。わたしの勉強方法は、例によって教科書や参考書を読みこみ、過去問を解く、でした。

高認の世界史は、ざっくりとした問題ばかりです。大学受験をするなら細かい年号なども覚えていかなくてはなりませんが、高認に合格するだけなら、年代や出来事、人名を大まかに把握しておくだけでかまいません。

地理に関しては、特別に苦手でさえなければ、世界史と地学の応用と勘でだいたい解ける範囲。過去問はやっていましたが、地理科目としての勉強はしませんでした。

高認で未来がひらける人がいる

高認は、とてもやさしい試験です。科目によって得意不得意はあるかもしれませんが、**合格のために100点をとる必要はありません**。入試のような定員もないので、合格点にさえ達していればみんな合格です（合格点は公表されていませんが、40点程度といわれています）。

また、解答はすべてマークシート式の4〜5択問題で、なおかつその半分くらいは、ありえない選択肢があります。たとえば「インド連邦の初代首相は？」という問題の

4択に「ヴィクトリア」や「アラファト」があるとか（正解はネルー）。しかも顔写真つきです。

もうひとつの簡単な理由は、どの科目も**試験範囲はおおよそ高校1年生あたりまで**、ということ。小学校1年生から17歳まで一度も教科の勉強をしてこなかったわたしでさえ、2ヶ月半で合格できたんです。多少なりとも勉強してきた人や、高校生なら（高認は高校在学中でも受験できます）、もっと簡単でしょう。

それに、わたしの場合は春に間に合わせるために一発合格が必要でしたが、高認は複数回に分けて合格することも可能な制度です。高校の単位で免除された科目や一度合格した科目は繰り越されていきますので、最終的にすべての科目に合格すれば資格がとれます。

ちなみに、合格点は各科目40点程度ですが、大学等へ進学する場合は高認での成績（A〜C判定のもの）を提出するので、進学される方はできれば高得点をとっておくほうが安心です（必ずしも成績が入試に影響するわけではありません）。

学校に行かなくても、行けなくても、未来はなくならない。自信をつけるためや親の説得のため、大学等への進学、国家資格を取得したいなど、使いみちはたくさんあります。

もちろん、学校と高認、どちらも必要としない人もたくさんいます。どちらが偉いわけでも、立派なわけでもありません。**自分のために多くの選択肢を知っておく、**これが大切です。

約6ヶ月で大学に合格するために

もしも高認が不合格なら、わたしの大学入学は少なくとも1年後まで持ち越しですから、合格通知までの1ヶ月間は本当にそわそわしていました。けれど、結果を待たずにセンター試験に向けて勉強をはじめました。時間もないし、なによりわたしには今度の春、自分が大学生になっているイメージがはっきりと描けていたからです。

はじめは「大学へ行ってみたい」と思い立っただけでしたが、大学で強い興味のある分野について学べることに、本当にワクワクしていたんです。

わたしが志望し、合格した芸術大学は、偏差値が高くもなければ、特別に狭き門だったわけでもありません。だからこそ、こんなに短期間の勉強で合格ができました。もし、偏差値の高い大学へ行きたいと本気で思っていたなら、不合格でも浪人して時間をかけて、もっともっと勉強をして、そこへ行っていたでしょう。

わたしがこのとき、自分ではなく他人の意思に強いられていたなら、偏差値が低かろうと高かろうと、合格できていたわけがありません。どんな方法で投げ出そうか、逃げ出そうかとばかり考えていたに決まっています。

対象や動機、目的がなんであれ、自分自身の「やりたい」気持ち。これこそが原動力です。

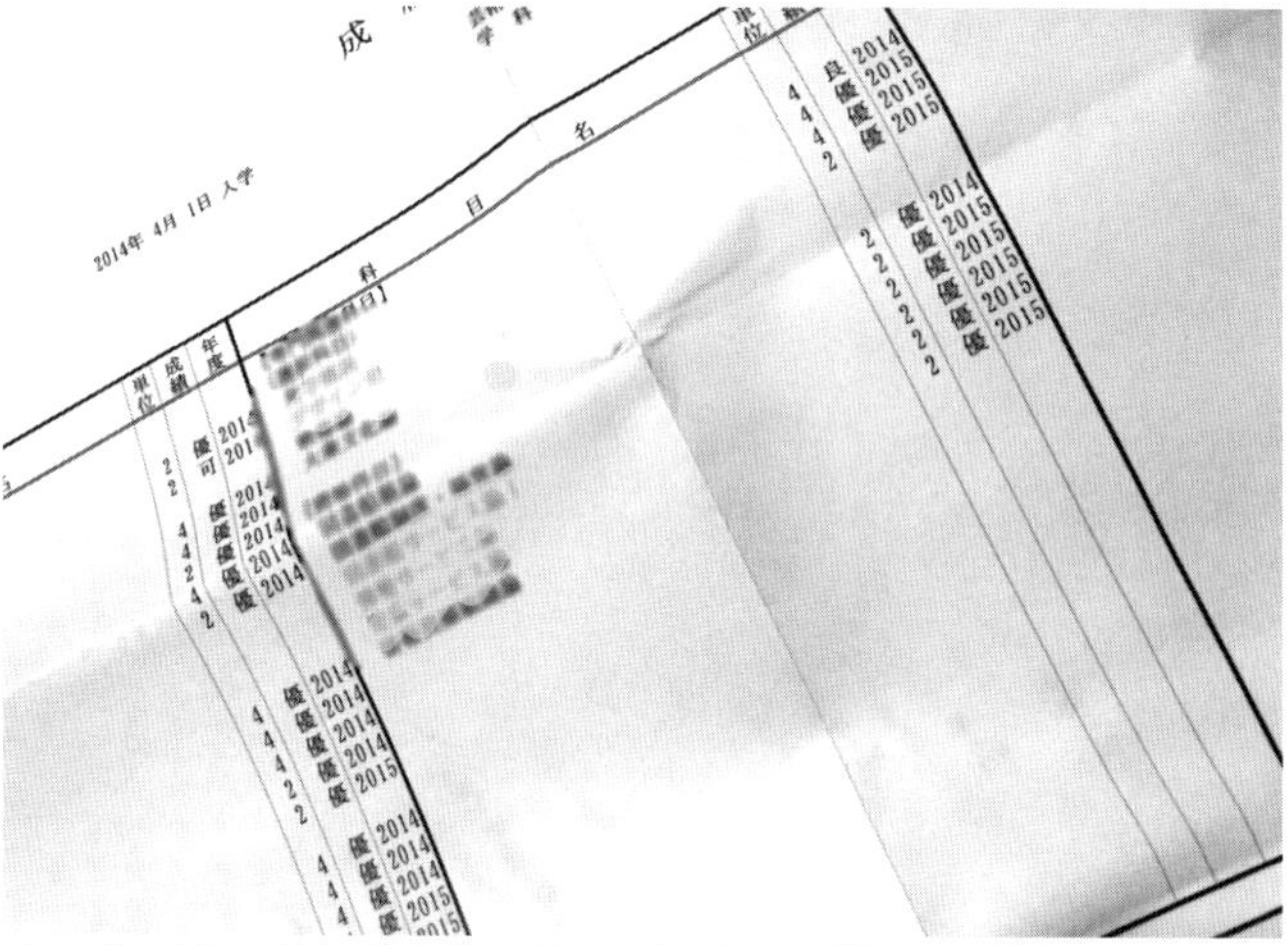

小・中・高に通わず大学へ行った星山の大学での成績表。

大学は どんな感じ？

「大学生活はどうですか？」と、よく尋ねられました。

　当時は、「勉学はすごく楽しいけれど、それ以外はとくに何も」と答えました。卒業した今でも同じ感想ですが、楽しかったことをひとつつけ足すなら、**同年代の人たちをたくさん見られたこと**。

　完全に自分の意思で小・中・高へ通う人は、少ない。心からこの学校に通いたい、勉強がしたい、夏休みなんかなければいいのに、と思う子どもは、おそらく少数派です。

そんな子どもがやがて大学へ入ると、多くは「自由」を味わうといいます。「人生最後の夏休み」なんて表現もあります。

これって、本当にやるせない。自分の意思によってつくられた4年間で、遊ぶ気満々で遊んでいる人はすてきです。けれど、これまでもこれからも、「しなければならない（と思っている）こと」に挟まれた短い4年間で羽を広げるのは、「自由」でしょうか。**自由さを感じられる人のなかには「不自由」がある**と考えています。たくさんの学生を間近で眺めた時間は、わたしが自分の考えを見つめる機会になりました。

●学校生活の経験がなくても、大学でうまくできる？

もうひとつ、よく聞かれたのは「学校生活の経験がないのに、普通の子や決まったルールのなかでうまくやっていけるのか？」です。

わたしは、「やっていけないのでは？」と思われるほうが不思議なんです。

学校のように干渉と支配の多い生活を続けていると、主体性や自律心は育ちにくい。一方、**自由さを感じないほど自由な場所では、「自律」が必要です。自律ができているから、自由でいられる。**

そんなところで過ごしてきた人たちが、自分の望む場所に行く。そこに決まったルールや時間割などがあったとしても、自分が望んだもののためならうまくやるでしょう。

たとえばわたしが大学に通っていたのは、学ぶことが楽しかったから。そのために**必要ならば交流や共同作業をしたり、ルールに従ったりするのは当然**です。

もっとも、大学での学びが楽しくなくなったら、さっぱり辞めていたと思いますが。行きたいと思ったところへ、楽しいまま通い続けられた。こんなに幸せなことはありません。

子どもを勉強嫌いにさせているのは大人

人は、自ら進んで学ぶいきものとして生まれてきています。

それなのに学校の勉強が好きじゃない人が多いのは、なぜでしょう。

人、とくにまだオリジナルな子どもは、先生から教えてもらうことも、知識を詰めこまれることも、教科書の内容を丸写しするようなテストも、それで点数をつけられるのも、どれも好きではありません。与えられるものではなく、学びたい欲求がわきあがったものに向かい、進んでいくことが楽しいんです（もちろん、それらがうまく合致したときには、学校の勉強が楽しくなったりもします）。

学校や家庭は、子どもを「勉強ができる子」と「勉強ができない子」に分けてしまいます。

学校の勉強ができない子は、軽くあしらわれたり、テスト結果が返ってきた日にはちょっと冷たい態度をとられたりするわけです。

そうしているうちに、子どもは学校の勉強に熱心になれないどころか、苦手意識を持ち、嫌いになっていくのはとても自然です。望んでもいないのにあれこれと手を加えられるのは、たった今の子ども自身を否定されることにもなります。それに否定されていやな言葉をたくさん聞かされて、わたしだったら成績が伸びるわけもないし、ましてや勉強が好きになることもないだろうと思います。

子どもを勉強嫌いにさせているのは大人です。
「学校の勉強」を嫌いになることで、本当は楽しく感じられるはずの「勉強そのもの」まで苦手になっていくのは、すごくもったいない。

わたしは17歳になって学校の勉強をしようとなったとき、わたしは勉強をいやなものだとか、苦痛だなんて、まったく考えなかったんです。むしろ、おもしろい遊びを見つけた！　と、ワクワクしていました。自分にとって学びたいとき、必要になったときに学校の勉強をしてみると、それはそれは楽しいです。

第3章

不登校になって伸びた能力②

失敗をおそれないから「行動力」がついてくる

娘・星山海琳

「自信のない子」は「自信をなくされた子」

●思い立って1分で高認の願書を取り寄せた

わたしが高認を受験しようと思い立ったときは、「大学に行ってみよう、よし高認か。おっ、2ヶ月半後にあるじゃん、しかも願書もまだ間に合う！　やったー」みたいな感じで、願書にたどり着くまでにかかった時間って、ホントに1分くらいだったんですよ。迷いも何もいっさいなかった。

「行動力」は、どんな結果が伴うかとはあまり関係ありません。たとえばこの高認の話だと、わたしが試験に対して自信があったかなかったか、合格したか不合格だったかはポイントではありません。焦点を合わせるのは、願書を取り寄せたときにも、出願をしたときも、勉強をしている間も、試験の日にも、「失敗したらどうしよう」なんて考えなかった、何もおそれていなかったところです。

「行動力」とは、おそれないこと、ときに勇気とともに進むこと、だと思うんです。

でも、子どもからも大人からも、頻繁に聞く言葉があります。

それは、**「でも」「どうせ」**。

何かやりたいことはあるけど、自分は・相手はこうだからできない、行動しないというときに使われます。「でもお金がないから」「でも休みがないから」「でも勉強ができないから」「でももう年だから」「どうせわかってもらえないから」など。

でも、**はじめから「自分はできない」と考える人はいません。**そうじゃなければ、赤ちゃんは言葉をしゃべるようになったり、歩いたりするようになったりはしないはずです。

「できない思考」は、周りの大人から、肯定ではなく、否定の言葉やまなざしを向けられ続けて、むくむくと育ちます。

学校につきものの成績は、子どもに優越感と劣等感を植えつけていきます。このとき劣等生のレッテルを貼られた子どもたちが、周囲から肯定を受ける機会はあまりありません。

子どもが家庭で十二分に肯定をされて、「学校や勉強や成績なんてどうでもいい」と心底思えていればもちろん話は別ですが、そういう家庭は少ない。

そんな子どもに、「自信を持て」「もっと自己肯定感を」「個性を」と言っても無理ですよね。**「自信のない子」は、「自信をなくされた子」**です。

でも、わたしも含めて、親から肯定されてきた子ども、成績をつけられず、あるいはつけられたとしてもそれが自分自身の成績ではないとよく知っている子ども、失敗におそれを抱いていない人は、「できない理由」なんてつくり出す必要はありません。

そうして自然に行動することが、「行動力」と呼ばれるものになっていく。自分がしたいことはできるし、本当に不可能なら、それ相応の理由があるし、失敗は恥ではないのだと。

せっかく生まれて、生きるなら、そのほうが楽しいですよね。

結果ばかりが重視される世の中ですが、**わたしたちが大きな学びを得られるのは、結果ではなく「過程」**のほうです。

過程には、「工夫すること」がつきものです。目的やそれにまつわる問題をどうするか？　と考えをめぐらせ、情報を収集し、それらを実行・実践していく。

たとえば高認の場合なら、限られた期間のなかでどう勉強を進めていくか？　一つひとつの科目をどんな方法で勉強するか？　どんな参考書を使うか？　そのほか大きなことから小さなことまで、無意識に多くを工夫しながら過ごしていました。

こうした経験が思考や知識の幅を広げ、精神力を育み、人を成長させます。

もちろん仕事などで結果が最優先されるシーンはありますけど、そう思っているシーンの7、8割くらいは意外と、絶対に結果を優先しなければならないものじゃなかったりします。失敗とか成功とか、よくわかりません。

しいて言えば自分が納得、満足ができるか、できないか、です。ゲームやスポーツでもあるまいし、人生で失敗と成功、勝ちと負けを確実に判定できる人なんて、いません。しいて言えば、自分が納得、満足できるかできないか、です。

わたしたちは、もっと間違えていいと思うんです。おそれずに失敗していい。

勇気をもって、力強く生きるって、そういうことです、きっと。

13歳の子どもが大阪から東京へひとりで遊びに行く

わたしは、13歳くらいのころから、大阪の自宅から東京へひとりで遊びに行くようになりました。東京だけで公演があるライブとか、展覧会などのためにちょくちょく通っていました。

たとえば、安い夜行バスを探してチケットをとって、夜遅くに家を出て、早朝に着いたら、夜のライブまでぶらぶら。ライブが終わると、その日にうちにまた夜行バスに乗って、翌朝に家へ帰ってくる。もちろん、家を出てから帰ってくるまで、ずっとひとりです。幸い、そのころには高校生、大学生くらいに見られることも多かったので、特に珍しがられもしませんでした。

親の不安が子どもの行動を狭める

当時は何も考えていませんでしたが（やりたいことをやっていただけで）、のちに、不登校をしているご本人やその親御さんから、学校に行っていないのに日中に外を歩くことや、ひとりで出かけてみたいけど、でも人目が……、といったお話を伺うようになりました。

当時のわたしを母親がどんな気持ちで見ていたかは、聞いていないのでわかりません。でも、わからないのはすばらしいと思うんです。母が不安だったにせよ、あるいは喜んでいたにせよ、わたしにそれを感じさせなかったということです。

子どもは、親の感情を大事に扱いながら行動します。仮に、母親が不安でたまらなかったとして、わたしがそれを感じていたら、わたしの行動はきっともっと狭まっていたはずです。「母親が不安じゃないところ」まで。

近ごろよく見受けられるのは、子どもがもともと持っている個性や自主性にかたくフタをし続けておきながら、大学生や新社会人には個性や自主性を求める風潮です。それだけでもおかしな話なのに、「最近の若者には個性がない、言われたことしかやらない」と叩くんですよね。なんとも、ちぐはぐです。

家庭でも同じ光景がありますよね。こんな人になってほしいという願いとは正反対な言動を、子どもはたびたび受けるわけです。親は子に、「自分の考えを持った人」になってほしいのに「親の考えを押しつける」とか。「可能性を狭めたくない」と思っているのに、子どもがやりたいと言っていることに対して「まだ小さいからだめ」と制限をかけたり。

そうやって親が行動の幅を狭めると、子どもはいつまでたっても「まだできない子」のままなんです。そして、「それはまだだめ」と制限し続けてきたにもかかわらず、ある年齢になると、「まだこんなこともできないの」と手のひらを返す。

子どもが新しくやること、やりたがることのすべて、親にとっては不安や心配がつきまとうんだろうなあと、大人になった今は、少しわかります。

でも、実は**子どもは、誰よりも自分をよく知っているので、できないことはやりません。**

階段を何段か飛ばしてジャンプして降りる遊びがあるじゃないですか。あれって何段にせよ、「この段は無理だな」と、自分でわかるんです。自然と、これはできる、できない、となんとなく自分で線引きをしているんです（もちろん、「できる」は「成功」の意味ではありません。失敗もケガもするかもしれないけど、踏み出せるんです）。

東京へひとりで遊びに行くのも、これと同じです。

そういう**子どもの無意識な判断に大人の判断をかぶせていくと、子どもの判断力や行動力も抑えられていきます。**

学校に行かなくなるのは、自分の判断、線引き、行動を自分の手に返す、絶好のチャンスです。やりたいことをやって、行きたいところへ行きましょう。

大人は、手も口も出さずに、それを見守っていてください、どうか。

16歳までに28ヶ国へ旅をして得たもの

はじめて国外に行ったのは、7歳くらいのとき。それからたびたび、母親と兄とわたしとで、バルト三国や旧ユーゴスラビアをはじめとしたヨーロッパ各国、アメリカ、カンボジアやラオス、モロッコ……思いつくまま、いろんなところへ行きました。

学校に行っていないと時間はいくらでもあるし、料金の安い日も選べるんですよね。

行って何をするわけでもないのがわたしたちの旅で、歴史的建造物や教会、モスク、観光名所、美術館や博物館などを回るでもなく、現地のすてきなレストランに入るでもありません。お湯が出たり出なかったりする安宿に泊まり、スーパーや市場でごはんを調達し、ただ街をぶらぶらする、いずれ別の街へ移動する、基本的にはそのくり返しです。

そうすると、その国が、その街が、人が、少しは見えてきます。服装、食堂のつくりや食べものの売り方、スーパーに置いてある品物やレジシステム、バスやメトロの乗り方、平日の朝からカフェでたむろしているおじさんたち、客引き、人びとの話し方、笑い方、子どもの生活、親子の関係、など。

●常識の器が海外で広がった

わたしたちの基準のほとんどは日本の光景にあって、それは日本に住んでいるかぎり変えようがありません。

でも、基準となる点を持ちながら、より大きな目を持ったり、よりたくさんの常識を放りこめるよう器を広げられます。

それらが大きいことは生きやすさにもなりますし、なにより、自分が自分のままであることをおそれずに生きていけます。

大人になってからはじめて外国を歩けば驚きの連続なのかもしれないけれど、まだそれほど長く生きていないとき、まだ自分の常識が凝り固まっていないときに、よりたくさんの、基準とはかけ離れた光景、人、生活、常識を見ていくと、驚きよりも引き出しが増えていく感覚なんですよ。

そんなことを目的に旅をするつもりはありませんが、あとから思えば、わたしの引き出しのいくつかは旅で得てきたものだったなと思います。

誰かの常識がわたしから見て「変わったもの」に見えるなら、わたしの常識だってほかの目で見れば「変わったもの」のひとつに過ぎない。同時に**すべての常識や価値観は、それぞれ個人の持つもので、変わっているとか変わっていないとか、正しいとかおかしいとかの言葉はふさわしくない**とわかります。

自分とは違う価値観の人に驚いたり、引いたりする経験の記憶が、わたしはあまりないんですよね。もちろん好みはあるけど、無意識のうちにだいたいのことを「そういう人なのか」と受け取っていて。

でも、ホントはみんな、「そういう人」にすぎないと思うんです。

第4章

不登校になって伸びた能力③

指示されないから「自己管理力」がつく

娘・星山海琳

24時間を自由に使っていいよと言われたらどうしますか？

学校に行かなくなると、当然ながら、毎日は「学校のための生活」ではなくなります。朝は起きるものだと思うかもしれませんが、本当は、何時に起きたってかまいません。起きなければならない用事がないんですから。

出かける予定がなければ身支度も必要ないし、もちろん学校へ行く必要もないし、宿題もありません。眠るのも、何時だってかまわない。

これ、怠惰な生活に見えるでしょうか？　わたしは規則正しい生活なんて送っていなかったし（必要のないときは、今でもそうです）、起床時間でいえば朝に起きていたのが昼になり、夕方になり夜になり、なんやかんやのうちにまた朝に起きるようになり、また昼になり、と、昼夜逆転どころではなく回転していました。

それは**わたしの時間**です。
学校のためでも、親のためでも、世間体のための時間でもありません。

●時間はすべて、「自分」のもの

学校に行かなくなったら、いつでも学校に戻れるようにではなく、自分のために時間を使うべきです。

起きたいときに起きて、やるべきことではなくやりたいことをやって、食べたいものを食べたいときに食べて、入りたいときにお風呂に入って、寝たいときに寝る。自己管理がままならなくなると心配する大人も多いんですけど、その人たちがみんな1日を自分のために使い、抑圧や焦りはなく健やかな気持ちで、「しなければならないこと」のない生活をした経験があるのかというと、そうでもないのが現実です。

時間を自分のものとして管理する能力なら、何もかも指示されて続けてきた人よりよほどちゃんと身につきます。誰からも指示をされないことは、野放しになってしまうのではなく、自分で判断をしていくことです。

多くの人びとは、「しなければならないこと」のために動いています。そして余った数時間だけが、自分のもの。

でも本来、「しなければならないこと」なんてありません。あるとすれば「したくないけどすること」で、ここを履き違えると、働くことも学ぶことも生きることも、とても苦痛になります。時間は誰かに、何かに奪われていく。でも本当は、1分1秒のすべて、自分のものです。

6歳からひと月5000円のおこづかい

わたしが6歳のとき、兄が「おこづかいが欲しい」と言いました。

親も反対しなかったので、わたしも便乗して、我が家におこづかい制度が導入されることに。問題はただひとつ、金額をいくらにするか、です。親が決定権を持つような家庭ではないので、みんなで話し合いました。みんなの意見を聞くだけ聞いて誰かが結論を出すのではなく、家族全体としての結論が出るまで、何日も、何週間もかけて。

おこづかいは、兄弟で金額が異なったり、子どものおこづかいと親の使えるお金は別ものとして考えられていたりしますが、欲しいものはそれぞれ違っても欲しい気持ちは同じだし、同じものを買えば同じだけのお金がかかります。コンビニにも書店にも、子ども料金はありません。子どもの欲しいものは大人から見ればくだらないかもしれないけど、大人の欲しいものだって子どもから見ればくだらないものです。お酒よりお菓子のほうがおいしいし、セミナーよりゲームのほうが楽しい。

大人だから、子どもだから、お金を稼いでいるから、稼いでいないから、という理由で金額に差をつけることなく、うちでは親も子どもも、ひと月５０００円になりました。

５０００円は小学生には大きな額に見えますが、わたしも兄も家計をすべて見て、知って、「おこづかいが欲しいから」という一心であれもこれも節約をして、家族みんなが納得して決まった金額です。

おもちゃもお菓子もお酒も、CDも本もゲームも、セミナーに参加するのも、ママ友とごはんを食べるのも、映画を観に行くのも、友だちと遊びに行くのも、全部それぞれのおこづかいから。

●金銭感覚は実際に触れなければ身につかない

6歳で5000円ももらっていたらまともな金銭感覚が身につかないとか、管理ができないと思われがちなんですが、でもそれは、6歳だからではありません。

自由に使えるお金をはじめて受け取った人は、6歳であれ10歳であれ、15歳であれ、あとになって「今だったらそんな使い方はしないのになあ」と思うような使い方を、少なからずするのではないでしょうか。

金銭感覚は、金銭に触れていないと身につきません。スポーツだって語学だって、ずっと続けているから上達する。お金も同じです。もうひとつ同じなのは、**触れはじめた日が早ければ、成熟する年齢も早い**こと。

母は当時のことを以下のように書いていました。

6歳の子どもにとっては高額で、自己管理するにはキツイかな？　ともおもったのですが、年の差を理由に額を少なくするのは「？」なので、6歳のときから5000円にしていました。

コンビニでカゴいっぱいお菓子を買ったり、ファンシーグッズを買ったりして、最初の月は3日目でお小遣いが無くなりました。でも管理は無論、干渉もしません。「見てみてー」とカゴいっぱいのお菓子をうれしそうに見せる娘は、ハッピーに満たされています。

娘は、コンビニでは100円のお菓子が、スーパーだと90円で売っていることに気づきました。だからスーパーで買って、差額の10円をもって駄菓子屋に行き、ガムを2つゲットする知恵を得ました。

おまけのシール欲しさにハマっていた61円のお菓子。そのお菓子を買うときに100円を渡すと、おつりは39円だということを学びました。

1000円札なら939円になることも。2つ買えば1122円で、「1円玉整理しよっ」と言って、店員さんに202円を渡しています。お釣りを確かめることも怠りません。（前著より）

「これは失敗だった」「こうやって使ったときは後悔しないのか」「あっちのスーパーで買ったほうが安い」「お金を貯めるとこんなふうに買い物ができるんだ」など、数ヶ月もすれば、たくさんのことを体験から学びます。**「できないからまだ早い」ので****はなく、「できないことをやるからできるようになる」**んですよね。

将来は学校でも親でもなく、子ども自身がつくる

●小学校へ行かずに11歳で起業

学校に行かなくなって大人からいちばん心配されるのは、将来のことです。でもそれは誰の将来でしょう？　**子どもが親に望むのは、親の理想とする将来へと引きずることよりも、子どもが自分で現在を踏みしめて、未来をつくっていけるように、必要なぶんだけ手を貸してくれて、求めたぶんだけ抱きしめてくれることです。**

子どもの未来とは、親が理想とする将来像を丸写ししたものではなくて、子ども自身がその手で暮らしを続けている、今より先の日のことです。

デモクラティックスクールで過ごす日々が終わったあと、わたしは、子どもも大人

も参画できる、デモクラティックスクールの精神、あり方を肌で学べるコミュニティ「デモクラティックフィールド のらねこ」を創立しました。11歳のときです。利益や収入だけを見ればごくわずかなものだったけど、それは確かに仕事でした。理念を持って場所を立ち上げて、お金が発生するシステムを考え、つくる。その他、サイトやフライヤーの作成、宣伝、メール業務、名刺をつくること、渡すこと、会計、口座の管理、その他あれこれ。

わたしはあのころ、お金と、自分の価値、自分がつくるものの価値を結びつける体験をしたんだな、とあとになって思うようになりました。いつでも、なんでも、遅すぎることはありませんが、早すぎることもありません。

今、お金の生まれる場所はあたらしく誕生し続けています。

時代が進んでもなお、雇われることがすべてで、そのために学校へ行って大学を出て良い会社に入るのだ、それ以外は失敗だ、絶望だと暗に（あるいは露骨に）子どもに教えていくのは、あまりにも、子どもの世界を狭めています。**子どもの世界を狭め**

てよくなることなんて、ひとつもありません。ひとつも。

将来を欠かさないために準備ばかりすることは同時に「今」を欠いていく。開けた「今」を踏みしめていくことでつくられる未来に行きたいと、わたしは思います。

15歳から長時間のアルバイトができる

学校に行っていないと、働ける時間だって、「夕方から夜にかけて数時間だけ」ではなくなります。

わたしは15歳になってまず、時給がいい早朝の飲食店のアルバイトをはじめました。しばらくして、かけもちで夕方までの飲食店のアルバイトをするようになりました。

平日5日間働いて、土日は休む（家族が土日を休みにしていたので、それに合わせて）。これで月収10万円以上にはなります。学校に行っているときには選択肢にもあがらない時間の使い方のひとつですよね。

わたしが**アルバイトを苦痛に感じなかったのは、「やらされていなかった」から**です。自分にはこれくらいのお金が必要だから働いている、そのために**職場では笑顔を保つ**

し、もちろん遅刻も欠勤もしないし、求められている仕事内容を上回ろうと努力する。

雇用側にとってわたしはまだ15〜16歳で、いわゆる学歴も経験も、何も持っていません。だからこそわたしは真面目で、信頼のできる、きちんと仕事する人間だと思ってもらえるように働いてきました。

でも、これは「学校に行っていないならアルバイトくらいしよう」という話ではありません。その時間で他にやりたいことがある人や、何もしないことをしたい人、お金を稼ぐ必要がない人は、「学校に行っていないなら」や「社会勉強しないと」という言葉たちに惑わされずに、脅かされずにいていい。

けれどそのうえで、こういうやり方もあると、子どもも大人も知っておくに越したことはありません。視界は広ければ広いほど、気楽になれますから。

ネットの危険を子どもが理解する方法

子どもがインターネットを利用するのを避けようとする家庭も多いですよね。

でも、小さな子どもひとりをネットから遠ざけられても、時代はそう変えられません。これからもまだまだ、ネットの時代は続きます。

わたし自身、ネットを介して得たものがたくさんありました。

仕事もそうですし（現在、ブログ『オヤトコ発信所』を主な発信拠点にしています）、SNSを発端にした交友関係、もちろん知識の取得も。知識を深掘りしたいときは、書籍を使うことも多いですが、探索の入り口は、ほとんどの場合ネットです。

ネットが仕事も交友関係も生む時代において、「危ないから制限」は本当に、ばかげています。

そもそも、**危険性はどんなものにもあって当然**です。

刃物などと同じで、危険だから包丁を握らせないのではなく、包丁はどう扱うものかを、**実際に扱いながら学び、体感していく**。

命を落とすことでなければケガだってすればいいし、それは失敗じゃなくて、経験のひとつです。

親が規制した結果、子どもが「ネットは怖いもの」だとか、「親がだめだって言っていたから使えない」とか、「こそこそ使う」とか、あるいは「親もとを離れたとたんやみくもに遊び倒す」などは、すごくナンセンスだと思うんですよ。

わたしがネットに実際に触れはじめたのは4歳、5歳のころでした。

今の時代を渡っていくなかでより役に立つのは、辞書を引く能力よりも検索能力で、書ける漢字の多さよりもタイピングの早さです。それからネットリテラシー。

大人はともかく子どもに関しては、「ネットリテラシーが身についていないから使わないほうがいい」は得策ではありません。「使うことでネットリテラシーが身につく」

からです（もちろん、何も教えないのではなく、包丁や火の扱い方のように、だめなことや危険なことなど必要な情報は子どもにわかるように伝えるべきです）。

親にとっては、自分が幼いころになかったものを子どもが触っていると怖くなるかもしれないけれど、子どもに自分の恐怖を押しつけて、小さく古い世界に閉じこめておくのはもったいない。

子どもは賢くて、柔軟です。

「何も強制、指示されない子どもはダメに育つ」は間違い

「学校に行かないのはいいけど勉強はね」の次に控えている心配の言葉は、「勉強は今すぐじゃなくてもいいけど、『我慢』はできなくちゃ」「社会性がね」です。

自分の望むことではなくても協調性を持ってその通りにできる、つらくて苦しいことにも忍耐力を持って取り組める。そういう子どもを育てるのが学校です。

一方で、いやなことや大変なことはすぐに投げ出したり、我慢のできない子は、わがままな子。

一度、じっくり、考えてみてほしいんです。

自分の望むことでなくてもその通りにする、つらくて苦しいことにも取り組める。これって、本当に、必要でしょうか？

わたしは、必要とは思いません。**自分の望まないことは続けずに、つらくて苦しいことはやめてしまう。それでいい**と思っています。わがまま、すてきな言葉です。

それだと肝心なときにがんばれない、と思われるかもしれないけれど、**自分が必要と納得したことや、自分にとっての肝心な場面には全力で向き合います。**だって、怠けているわけでも反抗しているでもないんですから、自然なことです。

わたしは強制や指示を受けた経験がほとんどありません。15歳からはじめたアルバイトでやっと受けるようになったくらいでしょうか。わたし自身が必要としている仕事ですから、これはもちろん素直に受け入れられます。

●指示されなければ子どもは自分で考える

強制、指示されない子どもは、自分で考えて動くようになります。そうしなければ、やりたいことがあっても何もはじまっていかないからです（もちろん、ずっと強制、指示されてきた子どもをいきなり突き放してしまうのは、また別の話ですよ）。

幼いころからずっと自分で考えて動いていると、自分の欲求、正解、願望、損得感情、それらを自分で把握できます。

意外かもしれないけど、自分の欲求と損得とをかける天秤をちゃんと持っているんですよ。それらを把握して、考えて判断をして動いていたら、いい意味で利口になっていくのも当然です。

そういう人が「これはいやだな」と何かをやめるなら、そのせいで不都合や不利益が生じたとしても、その責任を自分で引き受けられます。たとえば、勉強をしないとか仕事をやめるとか、就職をしないとか。もっと日常的なものもあります。お風呂に入らないとか、遊びに行く予定をキャンセルするとか。

もちろん逆も言えます。いわゆる、**「我慢ができる」というやつ。いやなことや大変なことでも「これは必要だ」と判断すれば、もちろんやります。**免許がほしいからアルバイトをするとか、メリットがあるからきらいな人とも付き合っておくとか、大学に行きたいから2ヶ月半で高認に合格できるよう勉強をするとか。

わたしたちは全国各地でトークライブをしていますが、ある会場で、「学校へ行かずに社会性は身につきますか？」と質問をいただいたことがあります。質問をされたのはもともと学校の先生だった方で、「学校における社会性の定義」を伺ったところ、その方は「自分の意思とは関係なく、やりなさいと言われたらやるし、やめなさいと言われたらやめる。イエスマンになれるかどうか」と答えてくださいました。

これは、確かに学校や、学校同然の縦社会の家庭でなければ身につきませんよね。実際、わたしは身についていません。

でも、イエスマンな人よりも、わがままで、自分で自分にイエス・ノーをくだせる人がわたしは好きだし、そうありたいと思います。

第5章

不登校になって伸びた能力④
世界が広がり、「コミュニケーション力」が育つ

娘・星山海琳

子どものことがわからない？家族と朝までおしゃべりをしよう

おしゃべりってすてきです。うちは会話の多い家のようで、いわゆるおしゃべりというやつに、家族みんな、気がつけば毎日たくさんの時間を使っています。

おしゃべりは、何かを伝えることでも、聞き出すことでもありません。くだらない冗談、1時間もすれば半分くらい忘れてしまうような会話や、なぜか何年あとになってもおぼえているような言葉、何度もくりかえし話題にのぼっては笑いに返っていくもの、などいろいろ、だらだら話します。

わが家で特に多いのは、夜から朝にかけておしゃべりをしながら過ごすことです。話題は転々としながら、深夜の途中にはちょっとぼんやりしはじめて、午前4時ぐらいになるとなぜかまたシャキッとしてきて、6時ぐらいに限界が来る感じ。みんな朝から仕事のときもあるんですが、ついつい夜を明かしてしまいます。

●ときには睡眠時間よりもおしゃべりを大切に

夜は、心地いいものです。学校に行かなくなって昼夜逆転状態になる人も多いと思うんですが、実際、夜は過ごしやすいんですよ。ひとりで何かを楽しむにしても、ものを考えるにしても、人の気配や太陽、日常生活が邪魔をしない時間帯です。

誰かといっしょにいるとき、夜の心地よさは次第に、相手との親近感を生みます。そして深夜を過ぎて、朝になると、いっしょにひとつの秘密基地にいたような、深い話なんてしなかったのになんとなくわかりあったような、そんな気になるものです。

子どもが学校に行っていないなら、家族で、親子で、兄弟姉妹で、朝までおしゃべりをするのに、こんなにいい機会はありません。もちろん学校に行っていてもできますが、ときに睡眠時間を削ってでもムダな時間を過ごすのは、慣れないとなかなかむずかしいように思います。

子どものことがわからなくて不安になる人と、たくさん出会いました。

親が安心したい一心で、直球で、わかりやすい、インスタントな答えを聞き出そうとしても、子どもが心から何かを話したりはしません。でも、何を聞き出すわけでも、教えるわけでもない時間を共有していけば、親が無条件な理解者であることが、時間をかけて、子どものなかで疑いのない事実となります。

信頼関係はそうやって築かれていくもので、子どものことは自ずとわかるようになっていきます。

なにより、楽しくて心地いいんですよ、おしゃべりって。

ムダに見える時間の使い方をすればするほど、人と人は対等になって、親しくなっていく。親子もいっしょです。

さまざまな年齢の相手と交流すると社会性が育つ

学校は「小さな」社会といわれますが、あれはわりと、「異様な」社会です。

学校生活を通して幅広い社会性を身につけるのはむずかしい。学校、とりわけ子どもが長い時間を過ごす教室は、同じ年に生まれた、同じ地域に住んでいる人だけを集めた場所だからです。


人を年齢や年代でくくるのは、普通で当たり前、ではありません。決してわたしたちはその停止した小さな空間で生きているわけではないし（それはとてもつまらない気がします）、むしろさまざまな時代の文化や意識、感覚が入り混じった、ある種複雑で奇跡的なようすが、社会の構造です。

だからこそ、子どもが学校へと隔離されることなく、小さくない実際の「社会」にいたって、何も不自然ではありません。

「社会」とは、とても広いものを指していますよね。学校を出て出会う人たちは、出身も育った場所も、国も違っていたり、常識も文化も異なっています。

なにより、実際の社会には上にも下にも幅広い年齢の人がいるんです。

たとえば小学生の年齢のころわたしは、地域のお祭りの屋台出店、フリマ出店、ビオトープづくりのボランティア、つくったもののネット販売などをしていました。

また、共通の好きなものでつながった友だちと交流したり、街へ出て髪の色や肌の色がひとつやふたつではないと知ったり、平日にもイベントなどへ遊びに行ったり、長く旅に出たりもしていました。

これらは、学校に行っていてもできるけれど、その時間や場面の数は、学校に行っているかどうかで大きく異なります。

社会性があるとは、決して社交的であることではなくて、社会のなかで生きるのをおそれていないことだと思っています。

そしてそれは、学校での擬似的な予行演習ではなく、実際にさまざまな人びとに触れながら、自分のなかに築いていけるものです。

●学校は行くものと思っている人も正しい

今、学校に行かない人は少数派です。

そんななかで学校に行かなくなると、なによりまず、周囲の人びとのさまざまな価値観をありありと見られます。

学校は行くものと思っている人たちも正しい。学校は行くも行かないも自分で選ぶものと思っている人たちも正しいし、学校なんか行くものじゃないと思っている人たちも正しい。**すべて、その人たちにとって正しいことです。みんな同じである必要はないし、相手の正しさを自分の正しさで塗り替える必要もない。**

不登校は、そんなことを学ぶためにうってつけの、すごくいい機会だと思うんです。

学校に行っていないと同級生の家庭でも噂されたり、平日の昼間に出歩いていたら

「学校はどうしたの？」と聞かれたりします。「学校に来られないんだね」と同情されることもあれば、学校に来られるようにと善意の言葉をもらったり、それではいけないと否定の言葉をもらったりします。それらすべて、なんの問題もありません。

ただの価値観の相違にすぎないものを、そうとはとらえられない人が、たくさんいます。

それって、他人の正しさを植えつけられてきたからだと思うんです。自分の価値観、考えを、幼いころから親やまわりの大人たちに否定されたり手を加えられてきた。

複数人の間で意見をまとめなければいけない何かがあったときにも、認めあい話しあうのではなく、大人の意見を押しつけられる体験を繰り返し受けてきた。

そうして自分が優位な立場になったとき、今度は「相手が自分の考え方と違っているのはおかしい」と自分の正しさを押しつけていく。

わたしは、**学校に行くも行かないも、自分で選ぶもの**だと思っています。それで自分自身では「行かない」ほうを選んで、誰かに「学校には行かなくちゃいけないよ」と言われても、そうですか、そうですね、と受け取っていました。相手の意見だけが正しいわけではないからこそ相手の言葉にも傷つきはしないし、わざわざ否定する必要もありません。

これって生きていく上で大事な、そしてとても便利な考え方だと、あとになって気がつきました。もちろん学校じゃなくても同じです。ファッションとか、食べものの好き嫌いとか、仕事とか、趣味とか、すべてに価値観の相違はあります。

わたしはこう思っていて、あなたはそう思っている。ただの価値観の相違は、一致させようなんて思わずにそのままにしておくのが楽です。

だから、「わたしにとって正しいもの」を、みんながそれぞれ選べばいい。

親が起こさなければ子どもは自分で起きる力がつく

子どもはまだ子どもだから、大人がいろいろとやってあげなくちゃいけない、と思っている人がたくさんいます。

朝起こしたり、天候に合った服を着せたり、部屋の片付けやそうじ、開けづらい包装紙を開け、休日に遊びに行く計画に、旅行の準備も。

でも、**何も言わなくてもやってくれる大人がそばにいると、子どものほうから「やってほしい」と口にする力は育まれません。**それどころか、いつもはやってくれることをやってくれなかったときには、「なんでやってくれないの」と腹を立てる。

これほど不毛なことはありません。

学校が「やりたいことを自分の力でかなえる」体験をさせることはあまりないです

ね（自分の力でかなえる、とは、なんでも自分だけでできるという意味ではなく、「やってほしい」と伝える力、も含まれます）。

たとえば、朝は「親が起こしてくれるもの」ではなく、「頼まなければ誰も起こしてくれないもの」だったら。起きなければいけない朝があるときには、子どもは自分で起きられるように工夫するか、起きていそうな人に「起こして」と頼むようになります。

お菓子の袋やペットボトルのフタをうまく開けられなくても、横からすっと伸びてきた手が開けてくれることがなければ、子どもは自分で何度もチャレンジしたり、工夫をしてみたり、あるいは方法をたずねてみたり、開けてほしいと誰かにお願いをしたりすると思うんです。わたしもそうでした。

●子どもを「子ども」にしているのは大人

「親なんだからそれぐらいしてあげたらいいのに」とは大人の目線であって、子どもはむしろ自分の力で何かをすることに真剣に、楽しく、取り組んでいます。「必ず自分でやり遂げなさい、人の手は借りちゃだめ」と見当違いの厳しさを押しつけているわけでもありません。

何かに挑戦している最中に大人らしい善意で横取りされると、とたんに不機嫌になる赤ちゃんや子どもがいますよね。それって、当然だと思います。

学校にいると、あるいは学校のような家庭にいると、多くの子どもは「子ども」になってしまいます。子ども扱いをされ続けて、すっかり自分を何もできない子どもだと思いこんでしまう。

自分の力で何かをかなえることを小さいうちから体感していくと、自分への信頼を育み、他人を頼る体験を重ねられます。そして、体格や年齢こそ小さくても、大きな力を持ったひとりの人間として生きていきます。

学校へ行かない時間を自分の好みを知る時間にする

●「そんな人とは思わなかった」となったことがない

心地よく生活していくために大事なもののひとつは、「**人を見る目**」です。友だちや仕事相手、街なかで道を聞く相手も、作家や企業といった直接関わらない人たちにも。

ただ、同じように人を見る目があったとしても、どんな人を選ぶかは人によって違いますよね。つまりこれは、「それぞれにとって、自分に害がなく、自分に必要なものや良いものを持っている人を見る目」です。

他人との関わりは、わたしたちに大きな影響を与えます。選べる範囲では、自分にとって好ましい人と付き合えるほうがいい。

これまでいろんな人と関わってきて、親しくなった人、好きだなと思う人はみんな、わたしにとってすごくいい人でした。「そんな人だとは思わなかった」とか、「損をした」「裏切られた」みたいな経験はありません。

学校に行っていなかった年月でいろんな人を見たし、交流もしました。教室という枠をはずし、街を、都道府県を、国を、時間を、職業を、年齢を、性別を、いろんな枠をはずしていくと、いろんな人と出会い、いろんな話を聞き、いろんな世界観を知ります。

子どものうちから老若男女を見ているとそれだけ、知ること、感じることは多くなるし、それに基づいたデータも自分のなかで多く蓄積されていきます。

「舌が肥える」という表現があります。世界中の都市のさまざまなケーキを食べて回った人と、地元の1軒のケーキ屋さんのショートケーキとチョコレートケーキしか食べたことのない人では、舌も目も違っている。

舌や目が肥えるとは、贅沢指向になることではありません。比較対象がより多くなり、目の前のもの以外にも選べると知り、付随するものから傾向も把握できるようになり、なにより、自分がわかってきます。

ケーキも人も、結局は自分の好みがすべてです。いろんなものを知ると、自分は何が好きか嫌いかが、よくわかってくる。人を見る目には、自分を見る目も必要です。

学校に行っていると、日々は「やらなければいけないこと」に消費されてゆき、自分と接する時間、自分を知る時間はどうしても少なくなっていってしまう。

学校へ行かなくなるのは、そういう時間を自分の手に返すことでもあります。

第6章

不登校になって伸びた能力⑤
やりたいことをやるとき「集中力」が発揮できる

娘・星山海琳

九九も知らないわたしが2ヶ月半の勉強で高認に合格した理由

うちは「学校には行かなくてもいいけど勉強はしようね」という家庭でもなかったので、やりたいことを、やりたい間ずっと、やりたいだけやっていました。

学校に行かなかったからこそできたひとつに、この「やりたいことを、やりたい間ずっと、やりたいだけやる」があります。

もちろん、それでよいと考える親がいてこそ。わたしにはわたしの母親がいたから、彼女と親子だったから、このわたしがいるんです。それはたとえばお金持ちの家庭じゃないといけないとか、田舎暮らしや都会暮らしじゃないとできないとか、片親では不可能とかではなく、あくまでも自分の、親の、家庭の哲学によるもので、どんな環境でも可能です。

子どもが学校に行かなくなったからこそ、そんなふうに考えられるようになった人たちに、たくさん出会いました。

大学へ行く、そしてそのために高認に合格するのも、わたしにとって「やりたいこと」のひとつでした。

「やりたいこと」をしているとき、人はいちばん集中力を発揮します。考えてみればわたしは、ずーっと何かに集中して生きてきたのでした。目に見える成果のあることばかりじゃなく、眠る、食べる、ぼーっと外を眺める、そんな、大人から見て価値のないようなことにも。

「やりたいことをやりたいだけやる」には、足りないものがあれば自分で工夫する過程も含まれています。足りなかったら、お金であれ人であれ知識であれ、自分で調達する。

世の中にはたくさんの道があって方法があって偶然があるから、決してあきらめなければならないことはないけれど、仮にあきらめるとすれば、それは他者によって「あきらめさせられる」のではなく、自分の判断でもって「あきらめる」。

でも、本当にやりたいことは、不可能かどうかなんて考えるまでもなく、いやなことも苦難も、めんどくさくても恥ずかしくても、通り抜けていきます。

だから**わたしには「やりたいことをあきらめる」発想はかけらもなかったし、「本当に実現したいことは絶対に実現できる」と考えていました**（現に、次の春の自分は大学生になっているというイメージしかなかった）。

そしてそのために必要な**「集中力を注ぐ」**感覚は、これまでの生活で慣れたものだったんです。

効率のよさとか頭のよさ（どう測るんでしょう？）よりもまず必要なのは、やりたいことを実現しようとする力、そしてそのための集中力を損なわずにいることです。

「うちの子はムダなことばっかりやってる」と思ったら

大人は、子どもの集中力を育てる方法には興味を持っていますが、子どもが集中する瞬間を大人がどれほど奪っているかについては、あまり興味がなさそうです。

まず、**集中力は、誰でも、持って生まれてきているもの**です。そして、**何かに集中する力は、途中で放り出さないことでも、飽き性じゃないことでもありません。**

子どもでも大人でも、やりたくないことをやっているときは頻繁に休憩をしたり、普段は進んでやらないような掃除をしはじめたりしますよね。

これは「集中力がない人」ではなくて、「やりたくないことをやっているときに集中力を発揮できない人」です。

一方で、やりたいことをやっていたら時間があっという間に過ぎていきます。

たとえばゲームなら放っておくといつまでもやっているのに、勉強はすぐに投げ出したり、やる気がなさそうにしている、と思っている親は多いんじゃないでしょうか。

でも、**集中力が発揮されるのは誰でも、やりたいことをやっているときだけ**です。なのに、子どもがやりたいことをやっていると、それはたいてい親や先生にたしなめられてしまう。学校の授業だとか勉強、宿題、学校や親にとって大切と思うこと以外は、「そんな暇があるなら」に分類されて、子どもが発揮していた集中力は取り上げられてしまいます。

学校に行かなくなった子どもがやることは、たいてい、親にとってはムダに見えるものばかりです。

けれどもちろん、子どもにとってムダなものかどうかはわからない。少なくともやりたくない宿題や勉強よりは、よほど有意義かもしれません。わたしのやっていたことだって、多くの大人にとってはもったいなく、ムダに見えると思うんです。

わたしも睡眠もとらずにお風呂にも入らずに、朝になっても、漫画を読みふけってたり、ウェブサイトをつくったり、トランプでタワーをつくったり。好きな曲の歌詞をノートに書き写したり、夕日が沈むのを眺めていたりしていました。

けれど、親にとってムダじゃないことを子どもがムダだと感じながらしぶしぶやっているようじゃ、なんのための自分なのか。せっかく学校に行かなくなったのに。

集中力は、自分が何かに集中する力のことで、決して「したくない勉強を楽しめる力」でも「大人のやってほしいことに熱心になれる力」でもありません。

たとえ学校に行っていても、そして行かなくなったならなおさら、「暇」に集中している子どもの瞬間を取り上げない、うばわないことが、すごく大事だと思うんです。

第7章

不登校になって伸びた能力⑦
「自己肯定力」が深まる

娘・星山海琳

ほめられたことも、叱られたこともない

学校の成績をつけられずに育った人は、あまりいませんよね。だから、成績の不可解さとかおそろしさとか、窮屈さとかばかばかしさに、実感がわかないと思うんです。わたしは当然、高認を受けた17歳になるまでテストや試験の経験もなかったし、点数などをつけられた記憶もありませんでした。

学校のテストや、通知表に書かれた成績って、あくまでも「学校目線による、学校についての成績」なんですが、なぜか子どもとしての、人間としての成績のように見なされがちです。

成績って、「評価」なんですよ。評価されないって、どんな感じでしょう。ほめられもしなければ叱られもしないし、「よくできました」も「もうちょっとが

んばりましょう」もない。点数もないし、それによる順位もない。
親から、先生から、上司から、とにかくさまざまな他人から評価されるのが当たり前になっている大人にとっては、不自然で、手ざわりがなく、とても不安になるかもしれません。
でも**不安になるのは、自分で自分を認めてやれないから**です。ほめてもらうために、叱られないために、評価のために、努力する。
その**根っこにあるのは向上心ではなく、優越感や劣等感、虚栄心、恐怖心**でしょう。

●わたしを評価するのは「わたし」

わたしは、成績同様、家庭のなかでも評価を下されたことはありませんでした。叱られたことがないし、ほめられたこともない。

母は、「意識的に、叱らないように・ほめないようにしよう」としていたわけではなく、自然な行動だったと言います。

たとえば、「**お手伝いをしてえらいね**」とか「**よくできたね**」、「**○歳なのにこんな**

ことができてすごいね」……。こういうほめ言葉も、実は評価なんですよね。

もちろん、相手がいい気持ちになってくれて、「それいいね」「これすごい！」「あなたのおかげでこんなにうれしい」と、その気持ちを共有するのは、とてもうれしいです。

でもそれは決して評価ではなく、個人と個人が、何かを通して感動したり、喜んだり、うれしくなったり、あるいは悲しくなったり寂しくなったりする、その**感情の共有**です。

これを「横」の関係と呼ぶなら、**評価によるつながりは「縦」の関係**です。

信じるのは自分じゃなくて他人、自分に価値をつけるのも他人で、誰かが評価を下してくれないと自分の形がぼんやりとしている。現在の世の中には、多かれ少なかれ、こういう傾向があると思います。

「横」の関係の世界では、自分を認めたり、価値を見出したり、正しいのか正しくな

いのか、と判断するのはすべて自分です。感情の渡しあいはもちろんたくさんするけれど、他者に自分をゆだねない。わたしを評価するのは「わたし」。

この考え方は、インターネットがこんなにも普及して、出会う人間の数が増えて、そしてさまざまな危なっかしい均衡が崩れてきた今、これから生きていく子どもたちにも、大人たちにも、とても大事だと思うんです。

人はみんなひとりで生きていて、道中でたくさんの人の力を借りたり支えてもらったり、いっしょに暮らしたり、新しい愛を生むことだってあるけど、行き着くところは自分しかいない。

その自分が、自分で自分を愛していられたら、人にだって優しくなれます。

自分の好きなものがわかりますか?

集団には流行がつきものです。「昨日のテレビ」を観ていないと話題に混ざれないし、

「あの曲」も聴かないといけない。
「ほんとはわたしは別のものが好きだけど、話に混ざりたいからいっしょにハマっておこうか」とはっきり意識できれば、自分の「好き」は自分のものにしていられます。けれど流行にのっているうち、自衛のために「好き」を偽っているうちに、自分が本当に好きなものがわからなくなることがある。やがては偽っている感覚も鈍りはじめます。

　そうすると、学校を卒業して教室を出たからといって「好き」を見つけるのはむずかしくて、ＳＮＳや雑誌の流行《はや》りに生き方をゆだねていく。好きなものがわからないのが悪いわけではないけれど、でも、すごくおそろしいことです。好きなもの、きらいなものに触れてわかるはずの自分が、よくわからなくなってくるから。
「好き」の力は偉大です。**好きな人、本、音楽、場所、考え、作業、味、色、ファッション、無数の「好き」が、自分を構成しています。**

　自分を構成するものは、自分で選びたい。ほかの誰でもなく、わたしはわたしの人生を生きているからです。

そして、**選ぶには、「好き」が必要**なんです。もし、得をすること、見栄を張ることが心から好きであれば、それを選んだっていい。

やっぱり、あれもこれも、「好き」からはじまるんです。

好きの感情は本来、苦労しないと見つけられないような代物じゃありません。

せっかく学校を離れたなら、自分の好きなものを大事にしたい。**学校が育てる集団性から抜け出したなら、集団が共有する「好き」ではなく、自分の「好き」で、自分を築いていきたい。好きな人たちと、過ごしていきたい。**

●「理解されなくて当然」で人生は楽になる

人には、「理解してもらえないと生きていけない」というタイプと「まあ、そう理解されるもんじゃないよな」というタイプがいます。

「理解してもらいたい」は「承認欲求《しょうにんよっきゅう》」ともいいますが、生きていて楽なのは圧倒的に後者で、こう考えているとけっこうたくさんの問題を回避できます。

わたしは後者なのですが、これは「理解なんていらない」と一匹狼を気取っているわけじゃなく、もちろん理解されたり認められるのはうれしいし、自信にも勇気にもなります。でもそれはラッキーかつ幸福なプレゼントであって、足りないものを埋めてもらうことでも、マイナスをゼロやプラスにしてもらうわけでもありません。

前者は、つまり**他人から理解されないと自分で自分の価値を認められない**、ということです。

でも、他人の嗜好《しこう》や気分に自分の価値を左右されるのは疲れますよね。理解されているときは問題は表面化しませんが、人生には理解されないタイミングもあるので、できたら手放したい苦労のはずなんです。


では、なぜ「理解されなくて当然」と思っているのか？

わたしのように学校に行かない人は、今のところ少数派です。批判を受ける可能性も少しは高くなるし、いわゆるマジョリティ側の言動によって、いやな思いだってするかもしれません。いろんな人がいますから、こちらでどうこうできる問題ではないです。

だからこそわたしたちが「いやこれは正しいことで、あなたが理解できていないだけ」と反撃する必要もありません。

人って、本当はみんなマイノリティな面を持っています。

親しくなること、お互いをよく知ることはできても、自分以外の誰かなんて完全には理解できるわけないのです。みんな孤独だし、みんな自分にしかわからない自分を抱えている。

だからこそ人があふれている世の中で誰かと親密になったり、よく知り合っていくことは奇跡的で、うれしく、喜ばしいと思うんです。

わたしが、俗にいうマイノリティ側に属しているのをマイナスに捉えずにこられたのは、「わたしのため」の愛情を注いでくれた母のおかげです。

大多数からはずれた生き方をするにしてもしなくても、母親からの「母親自身のため」ではなく「わたし（子ども）のため」のあふれかえる愛情があれば、不安をおそ

れずにいられます。

そうして、親からもらった愛情に満たされながら、自分の価値を自分で認めていく。

子どもは誰が認めても認めなくても偉大

学校や国にとっては大きな価値を持っている偏差値教育ですが、それに巻きこまれる一人ひとりの子どもたちは、たまったものじゃありません。

学校のテストは、受けたい人だけが受けられればいいと思うんです。

学校で行われるテストは、資格や入学のための試験とは違い、学校が教えたいことをきちんと覚えたかどうか、点数をつけていくだけのものです。受けたくない生徒までが受けさせられるのはずいぶん暴力的だし、それで受けて点数が悪ければ「おまえはだめだ」と上から目線で評価されるなんて、わたしなら「うるせー」と感じます。

子どもが持って生まれた「学力」を奪って、優越感や劣等感を与えてまでやらなく

ていいし、今何かをよりよく変えていくなら、変えるべきは子どもではなく教育です。

わたしが受けたテストは、高卒認定の試験、大学受験、運転免許の試験、大学での期末試験くらいです。それらはどれも、必要な理由もわかっているし、自分が望んで受けているから、「なぜ受けなければいけないのか」とうんざりはしません。

学校の勉強ができるとかできないとかで子どもの価値を決める時代は、もうそろそろ、変わってもいい。

子どもには、人にはいつでも、何ができてもできなくても、誰が認めても認めなくても、点数なんてつけようのない尊厳が、尊さが、偉大さがそなわっています。

●「友だちの数」に価値はない

「学校へ行かないと、友だちができないのでは？」など、友だちに関するご相談をよくいただくんですが、**友だちができることと、学校に行くこととは、あんまり関係がない**です。

ふつうに学生生活を送っていても、学校の友だちがほとんどできない人だっています。その一方で、学校だけでなくどこへ行ってもだいたい同じように場の中心にいる人もいるんですよね。どれもただの性格で、それぞれの個性です。

わたしの場合は、いっしょにどこかへ遊びに行ったり旅行したり、わざわざ休みの日に会おうよって連絡をとって街でご飯を食べたり、お茶しながら話すような相手って、18歳くらいまで、全然いませんでした。人と関わりがなかったわけじゃないですよ。わたしは誰とでも親しくなれるタイプではないし、いっしょに何かを楽しみたいなと思える相手もあまり多いほうじゃないので、今も友だちの数は少ないほうです。

でもこれは、学校に行っていたところで大して変わりありませんでした。わたしという人間に起因しているため、学校に行かなかったせいでこんな性格になった、とは考えていないし、性格を変えたいとも感じません。

社会、とくに学校は、友だちの数に価値をつけています。『一年生になったら』という歌がありますけど、幼いうちからあれを耳にしている子どもはまず、「友だちは多いほうがいい」という価値観に出会う。友だちのいない、少ない子が劣等感に苛《さいな》まれるのも、この価値観があるからこそです。

たとえば学校では「みんな仲良く」と教えるけど、無理ですよね。仲良くできない人とは仲良くできない者同士、ひとつの教室でぼちぼち付き合ったり付き合わなかったりしましょうね、と教えたほうが、まだいくらか現実的です。

わたしは、**友だちはつくるものじゃなくて出会うもの**だと思っているので、ひとりでいるときにもまったく気になりません。でも、友だちができないといけないという家庭じゃなかったからこそ、わたしは自分の考えにネガティブなイメージを当てはめずに来られたような気もします。

ひとりでいるのは問題のあることでも寂しいことでもないって、疑うまでもなく、ずっとそう思っています。

誰かといると何かを見落とすこともあるし、感性が鈍ったり（夕焼けの色とか、雨

の路面にネオンが反射してきれいだとか）、内省ができなかったりもする。

ひとりだからできることがあって、そのどれもが大好きなんです。

反抗期を知らぬまま成人になったわたし

抑圧されているとき、人は、なんでも人のせいにできます。自分を抑えつける相手のせいに。

それは親かも、子どもかもしれないし、パートナー、学校や先生、上司、納得のいかない校則かもしれない。それで何かが解決するわけでもないけれど、イライラと、「あの人のせいで」と考える。そのとき、自分を見ることが、わたしたちはできません。

自分で言うのもなんですが、わたしは「人のせい」にした経験がありません。それはわたしの人間性の話ではなく、「抑圧されたことがない」という意味です。

学校から親から、抑圧されずに育ってきた人は少なくて、抑圧がどれほど健やかさの妨げになっているかを知らない人も多いかもしれません。

まずシンプルに考えてみると、上から重圧をかけられ続けていたら、その下で生きている植物は、本来伸びるはずの方向に伸びていけません。伸びないか、ねじれたり曲がったりしながら、ときにはコンクリートの隙間を見つけて、空のほうをめざして伸びていくかです。

たとえば反抗期だって、本来ないほうが自然です。実際に、家庭で抑えつけられずに、また引っ張り上げられもせずに育ってきたわたしと兄は、反抗期をしらないまま成人しました。

抑圧があるから反抗ができるのであって、反抗する対象がなければできません。

そういった抑圧がなければ、その生きものは本来伸びていくべき方向へ伸びていきます。誰かに方向を操作されずに、自分の力の働きによって伸びていくからこそ、自信も深まっていく。

そして、**失敗も成功もその過程も、すべて自分のものです。考えも判断も決定も行動も、自分のもの。**

もし納得のいく結果がおとずれなかったとしても、誰かのせいにはできません。0から100まで、自分の働きによるものだからです。もちろん、悔しがりはしても、その事実に腹を立てたりはしません。

「責任感」は、そうやって育っていきます。その過程をまるごと奪っておいて、いきなり「責任感を持て」と言ったって、無理に決まっているんです。

日本人は自尊感情が低いと言われますが、その理由もここにあると考えます。だって、抑圧され続けている人は、いつ、どんなタイミングで、「自尊」を体験できるんでしょう?

結果につながる考えや感受性が他人のもので、行動や発言も操作されたものだったら、結果の責任も他人に押しつけずにはいられないし、自分の働きを信頼できません。

自分の考えや感受性をもとに行動したり発言したり、うれしいことや悲しいこと、満足や不満足を繰りかえして、責任感と自尊心は育まれていきます。

第8章

不登校になって伸びた能力⑦
常識に流されずに「考える力」を養う

娘・星山海琳

やりたいことがあるのにチャイムで止められる不思議

人って、見慣れているもののことはあまり考えません。

そういう意味では、学校に行かない人は、学校に行っている人や行っていた人たちよりも、「学校」について考えています。

学校はなんのためにあって、誰のためになっているのか？　自分はなぜそこに通うのか、通わないことに抵抗や罪悪感があるのはなぜなのか？

たとえばわたしは、小学校の入学式の日から、学校に対して多くの不思議がわきあがってきました。**年齢や性別といった基本属性で決められる物事の数々、自分は自分のやりたいことを知っているのにチャイムがそれを止めること、「今日は粘土遊びをしましょう」などと決められているだけでなく、つくるものは動物、とまで指示されること、そしてそれらに関してなんの説明もなく、説明を求めればたしなめられるこ**

と……etc。

学校から離れてみると、それらは「不思議」から「異様」の認識へと変わっていきます。これらの感覚は、当時のわたしに「学校は自分のやりたいことや好きなことをわからなくさせる」と思わせるには十分でした。そして自分にとって魅力的だと感じた別のスクールへ行くようになるのも、ごく自然な流れでした。

人のやることにはなんでも自分なりの動機があるはずなのに、学校に行くことをはじめる動機はなく、意味も目的もわからず通っているなんて、妙ではないでしょうか？

学校の存在って、いくらかの不平不満は持ったとしても、依然として「当然」とか「当たり前」のベールに包まれているものだと思うんです。

そういったものに対して、自分の頭で学校を考えると、「自分」の確立へとつながっていきます。他者の考えに乗っかったり、それを自分の考えだと（無意識的に）偽っていても、実際に「自分」の出した答えでなければ結局は流されていることと変わりないし、他者の目や評価に左右され続けてしまいます。

学校に行かなかったことで、社会にとって学校はどんなところなのか、そして自分にとって学校はどんなところなのかと考えられたのは、わたしにとってすごくラッキーでした。

特に、学校（公教育）は子どもに強く働きかけていく（そしてそのまま大人になる）、重要な機関ですから。

せっかく学校に行かなくなったなら（もちろん学校に行きながらでもいいんですが）、そんなことを考えてみるのもいいかもしれません。時間はあります、たくさん。

学校に行くことはもちろん、勉強をすること、成績がつけられること、親が子どものお弁当を用意することも、ゲームはやりすぎてはいけないことも、長期休暇にはどこかへ出かけることも、成人式に出席することも学校を出て就職することも、貯金をすることも、つらくても働かなければいけないことも、恋人がひとりやふたりできることも、男と女が結婚することも、性別によってふさわしい服装があることも、帰省することも親が子どもにお金を残すことも、長生きが素晴らしいことも、あれもそれも、常識です。

でもこれらすべて、わたしにとっては「当たり前」ではありませんでした。

学校に行く、という常識の輪からはずれると、そのほかの世間の常識がたくさん見えるようになって、さまざまな疑問が湧いてきます。

疑問はすべての出発点です。なぜそうなのか、本当にそうなのか？

答えはすぐに出ないかもしれないし、いつ出るかもわからないけど、とにかく、輪から下がって眺める。そうしていると世間も、自分も、よくわかってきます。

輪からはずれたとき、信頼できるのは自分の考えしかありません。そしてその自分の考えは、手に入れるものじゃなく、自分のなかを掘り進み、見つけるものです。それを手のひらに載せられる人は、とても強い。

判断を誰かにゆだねなくても、誰かが自分を認めなくても、時代が変わっても世間が変わっても、自分のままでいられます。

これって、とても楽ですよ。それに、すごく自然です。

わたしと一生付き合うのはわたしだし、わたしが生きているんだから、わたしの考えで、わたしの好きなわたしで生きていたい。

自分の生き方を考えると、強くなる

人の生き方も、ある程度のテンプレートが出来上がっているように感じられます。どんなふうに生きたいかと考え、選ぶことも、ビュッフェみたいじゃないですか？お皿はある、料理もある、どれをどれくらい乗せるかは選べます、と。


でも、本来、考える行為は、ありものから選ぶだけじゃなくて、今はまだないものを生んだり見つけたりできるくらい、無限大です。

わたしたちはどこかのテンプレートに自分から入っていく必要はなくて、お皿は自分にぴったりのものを用意すればいいし、料理だって、ひとつのお店のメニューのなかから選ばなくてもいいはずです。

「他人に決めてもらう」ことに慣れていたら、「自分で決める」のはなんとも心地が悪いかもしれないし、めんどくさいかもしれません。そっちで決めてくれと思うかもしれないし、責任なんてうんざりする言葉かもしれない。

それが自分にとってぴったりな人はいいんですが、「そういうもの」と思いこんでいる人が多いのも確かです。それは個人の才能ではなくて、思考停止状態になるような教育を受けてきているのが原因なんですが。

●学校が肌に合わない子どもとは？

わたしは、お願いしてもいないのに人に決められるのはいやだし、自分で納得をして判断をしたいし、めんどくさいのも嫌いじゃないし、責任はないけど自由もない、のは好きじゃありません。

学校が肌に合わずに行かなくなる子どもとは、大なり小なり、そういう要素を持った人だと思っています。

学校や仕事といった比較的大きな選択から、差し出されたいちご味とぶどう味の飴《あめ》のどちらをもらうか？　といった小さな選択まで、自分で感じ考え選んでいく人は、他人に依存せず生きていく。

考えること、選ぶこと、生きることに臆病にならずに、自由、そして責任と、一体となっていけるのです。

頑固さと柔らかさをそなえて、人の意見には耳をかたむけても惑わされず、流行りには乗っかっても流されず、常識にはのっとっても信じこまない。

夢も希望もない現代だからこそ、夢や希望を自分のなかに灯らせる人たちがいれば、少しは世の中が暖かくなっていく。そんな気がしています。

「思考力」は一生もの

何を感じて、何を考えて、どんな言葉を用いて、どんな行動をするかが、わたしたちを形づくっています。

どんな学校に行っても行かなくても、どんな仕事をしてもしなくても、誰と関わっても関わらなくても、「思考すること」はずっと、ついて回ります。

考えるとは、地面をさらさら撫《な》でてみることじゃなくて、土を掘っていくことです。自分のなかに入っていく。他人のなかに入ることはできないし、それがわたしになっていくからには、他人を迎え入れて考えてもらうわけにもいきません。きれいに咲いた花を一輪もらっても、これが自分の花だ、とは感じないでしょう。

だから、自分の土を掘って、種を植え、水をやる。

考えるとは、慣れというか一種の訓練です。スポーツも、語学も、料理も、勉強も、短期間だけ打ちこめばその技術をずっとキープできるものではなくて、日常的に続けていくことが大事です。思考するのも同じです。

そして、考えるからには考える対象が必要なんですが、思考に慣れていくと、他人の目ではなく自分の目を通してものを見られるようになり、疑問も見つけやすくなります。

でも、「考えることになんの意味があるのか」って思いますか？　だって、考えなくても生きていけるのに。そんなめんどくさいことをしなくても楽しく生きている人は、たくさんいるのに。

これ、わたしは、「宿命」だと思うんです。自分の性格を選んで生まれてはこられないように、考える人とは考えられる人だし、考えてしまう人で、身もフタもない言い方をすると、そういう人なんですよ。学校に行きたくない人や、こんな働き方はいやだと仕事をやめてしまう人、性別に違和感を持った人、とにかく何かに引っかかりを持つ人。わたしもそう。

たぶん、この本を手にとってくれた人もそうです。

せっかく生まれたんだし、何をしたってみんないつか死ぬんですから、せいぜい考えて、めんどくさく、楽しく生きましょう。

自分の望むものがわかると気持ちよく生きられる

「今、何が食べたいですか？」

この質問にパッと答えられない人がいます。

わたしは母親と、毎日、1日に何度も、「今、何食べたい？」って話すんですよ。

わたしたちが食べる行為が好きだからでもあるんですが、実はこれは、知らず知らずのうちに、「自分の望んでいることを聞き取ってあらわす力」に水をやり続けているのかも、と思うようになりました。

学校の給食はメニューが決まっていて、「今日は何を食べようか」と考えることはありません。

でも、学校へ行かなくなると給食も献立表もなくなる。

これって、すっごくいい機会だと感じます。**自分の「今」と親しくなれるとき**です。

学校に通っていると、自分の「今」と親しくなるのはむずかしいと思いませんか。

それよりも優先することがあまりにも多すぎるし、自分のために何かの優先順位を変えると怒られてしまいます。

学校は、自分の声ではなく他人の声に身をゆだねなければいけない瞬間の多い場所です。それでいいと思う人はもちろんいいけれど、自分の声が聞こえなくなる、わからなくなる人も案外多くいて、それはけっこう危険だと、わたしは考えています。

自分のことはなんでも、自分に聞けばわかる。そして聞き取ったそれを、声や行動にしてあらわす。

当たり前のようかもしれませんが、これができる人は、とても気持ちよく生きていけます。

今わからなくなっていたとしても、自分の望んでいることを聞き取る力は、なくなったわけじゃありません。

だから、ここからはじめてみてもいいのでは、と思うんです。


今、何が食べたいですか？

第9章

親が得したこと②

ムダなお金、ムダな時間をとられずに済んだ

母・吉田晃子

子どもとたっぷりふれあえたのは、このうえない喜び

次のようなことってよくありませんか？　小さい子が公園や施設などで楽しく遊んでいて、さあ帰ろうとその場を離れた直後に、「おしっこ〜」と言うアレ。

こちらとしては「なんでさっき行っておかないの？」と思ったりもするんですが、アレこそが全身で「今」を生きている証しなんですよね。この年代の子どもは、「今」何かをやっているときに、次にやることを考えたり、段取りを組んだりはしません。

ところがわたしたち親は、心のなかにとどめておかないで口にしちゃうんですね。「なんで公園で行っておかないの？」と。それは子ども自身がそのうち成長とともにわかるようになるのに、親はその日が来るまで待てない。待てずに、トイレに付き合うほんのわずかな時間さえ、叱ったり諭《さと》したりして、快く自分の時間を子どもに差し出しません。子どもの「今」を奪って、子どもが楽しく遊んでいるラスト5分を切り上げ

てトイレに連れていく。

時間を節約することで、親が思い描いた現実は手に入ります。しかしそこに子どもはいません。子どもと暮らしているのに、です。

まったく同じことが学校でも行われています。

子どもたちが楽しく遊んでいる時間を奪い、学校は一斉指導型の教育に追いやります。知識が先立ってしまう大人と違い、子どもは知恵が先にあります。大人が持つ知識を受動とすると、子どもの知恵は能動。この能動がより育つのは「遊ぶ」行為からなので、子どもたちを自由に遊ばせておいたら大変なことになると支配者たちはおそれたのでしょう。

早く受け身にしてしまおうと７歳になるかならないかのうちに学校へ追いやり、国にとって都合のよい人材づくりをはじめます。

海琳が小学校に行っていたとき、彼女は言っていました。

「好きなことをしてたいのに、学校って家に帰ってきても追っかけてくるねんでー」

彼女は宿題について言っているのですが、ミヒャエル・エンデの『モモ』に登場する「時間どろぼう」を思い出したものでした。「宿題、いらんから」と担任の先生に話して、宿題はやめた彼女でしたが、学校に行く限り、時間どろぼうはいなくならないのです。

●親が待てないと、子どもの考えが育ちにくくなる

学校へ行くのをやめて、時間をまるごと自分のものにした子どもたち。もう、時間どろぼうはいません。

家のなかから「学校に合わせた時計」がなくなり、子どもたちと添うて歩んできた日々のなかで、子どもたちがわたしの時間を要するときは、快く時間を差し出しました。子どもたちと来る日も来る日もふれあえてきたのは、このうえない喜びです。

「子どもを自由に遊ばせておいたら、すべきことをしないで楽なほう、楽なほうへと流れていく」「困難を求めず、忍耐力も育たない」などと忠告されたこともありました。

そのたびに思ったものです。この人は、強制や干渉、指示などがないなかで、自分

のやりたいことをしている子どもたちと過ごした経験がないんだなあ。自分はそんなふうに育ってきていないから、知らないだけなんじゃないのかなあ。

「自由を抑圧すれば忍耐力が育つ」のであれば、どうして、「待つ」ができない怒りんぼうの親がこんなにたくさんいるんでしょうか。

待てないでいると、子どもの考えが育つことはむずかしくなります。

日々の暮らしのなかで子ども（他者）とコミュニケートしあうとき、「へえ〜、そんなふうに感じるんだ」と相手の一面を知ったり、「（わたしもあなたと）いっしょだ」や「違う」を知ったりして、関係がより深まります。

コミュニケートしあっていくには、節約しない時間が必要。この時間のひとコマひとコマが「今」であり、この「今」を子どもとともに過ごしていけると、「よろこび」はたくさん、たくさんになります。

逆に、時間を節約すれば子どもと過ごす場面が減っていく。つまりそれは愛することを奪われていくのです。

次の文章は、海琳が、雑誌『歩く花 vol.1』(AI-am発行)に綴った『開いている窓から』からの引用です。いっしょに暮らしはじめた猫に時間を差し出すことで、時間が増えたと書かれています。

腕のなかでごろごろと喉を鳴らしたり眠ったりするようになって、彼がその気になっているときには、何十分でも彼を抱いていた。スマートフォンも本も持たずに身ひとつで彼を抱いて、そのぶんだけ仕事の手は止まるのに、時間は消費されるどころか、むしろもっと多くの時間をもらえたような気になるのが、ふしぎだった。

時間は、その人自身です。節約せずにいれば、時間は豊かになるのです。

教材や制服はムダな買い物

本来は無償のはずの義務教育。しかしながら、制服（標準服）や教材費などの支出が各家庭に求められています。

文部科学省は2年に1度、「子供の学習費調査」の結果概要を公表します。「平成28年度子供の学習費調査」によると、保護者が1年間に支払う子ども1人あたりの学習費総額（「学校教育費」「学校給食費」「学校外活動費」の総額）の費用は、公立小学校が32万２３１０円、公立中学校が47万８５５４円となっています。

学習費総額のうち、「学校給食費」と、自宅外学習や学習塾、家庭教師などの費用や、体験活動や習いごとのための支出を示す「学校外活動費」を除いた「学校教育費」は、公立小学校が６万43円、公立中学校が13万３６４０円です。支出構成は次ページのようになっています。

●小学校の学校教育費 60,043円の支出構成

（金額／円）

修学旅行·遠足·見学費	6,738
学校納付金等	10,135
図書・学用品·実習材料費等	19,049
教科外活動費	2,714
通学関係費	17,574
その他	3,833
	計 60,043円

●中学校の学校教育費 133,640円の支出構成

（金額／円）

修学旅行·遠足·見学費	25,038
学校納付金等	13,994
図書・学用品·実習材料費等	23,839
教科外活動費	31,319
通学関係費	35,914
その他	3,536
	計133,640円

※授業のために購入した図書、文房具類、体育用品、および実験・実習のための材料等の購入費は、「図書・学用品·実習材料費等」。
※通学のための交通費、制服、およびランドセル・かばん等の通学用品の購入費が「通学関係費」。

●靴下が白でなければならないのはなぜか

文部科学省のサイトには学年別の学校教育費が掲載されていないので、わたしの推測となりますが、小学校、中学校への入学時となれば、学用品やランドセル、制服、文房具など親が用意しないといけないものは多く、「図書・学用品・実習材料費等」や「通学関係費」はかなりの金額になるのが現状だと思います。

義務教育の期間、制服や通学かばんなど必須品だけで、７万〜10万円になるといわれます。靴下も白だけで、ワンポイントやラインが入ってはいけません。ワンポイントのない、ラインも入っていない白色の靴下でも、丈が短いとNGです。どうしてダメなのかと尋ねても、「ああ、なるほど。そんな事情があるのか。だったらそりゃ白しかダメだなあ」と思えるような答えはありません。制服代が支払えず、入学式を欠席した中学生のニュースもありましたね。就学援助の制度はありますが、新入学用品すべてを補えるものではなく、やはり負担額は大きいままです。

義務教育で保護者に負担を求めるのであれば、なぜ必要なのかの説明は必須でしょう。それと、情報提供も必須ですね。家庭が負担する金額がどれくらいなのか、保護者が知っておくのは当然だし、国は知ってもらっておくべきだと思うのです。しかし全国の各小中学校のウェブサイト等には、保護者が負担する学校教育費の具体的数字は掲載されていないのです。

●女の子はスカート？

学校に行かなかったので、学用品や制服などを購入しないで済んだのはありがたかったです。

それにしても高いですね、企業の制服は企業が用意するのに、学校の制服は保護者が用意するってヘン。というか、根本的に制服があるのってヘン、と思います。

わたしは制服反対の考えです。わたし自身が中学生のとき、制服（セーラー服）を洗濯して、アイロンを掛けるのは母親ではなく自分でした。その仕事がとにかくめんどくさくて（かといってノーアイロンでセーラー服がシワくちゃのまま学校に行く勇気はなかった)、「ポロシャツになればいいのに」と何気に先生に話すと、「そんなことしたらみんな不良になるだろ」と言うのでした。なるか？　ポロシャツにしただけで。服装を管理・監視して支配するから不良になるんですよ。

以前、海琳と制服の話をしていたら、彼女は「6歳からスカートをはくと、スカートが好きだからはくのではなく、女の子はスカート、という概念を育てはしないか？」と言いました。続けて「制服を着る以前から親が着せているから、制服にも違和感がないのかな」と。男の子は長ズボン、も然《しか》りです。

制服によって「均一性」を染み込ませるような抑圧をしないで、生徒の個性や能力を伸ばすことにエネルギーを注いでほしいものです。

第一、「学校で生徒は制服を着なければいけない」法律はありません。

東京都世田谷区の区立桜丘中学校の西郷孝彦校長のように、ＬＧＢＴＱの児童生徒も含め、子どもたちの基本的人格（自己決定権）は守るべきなのです。

ＰＴＡや子ども会、旗持ちはしなくていい

子どもたちが学校に行くのをやめたのにともない、親のわたしはＰＴＡを辞めました。やりたくなかったから、楽になりました。子ども会や育成会等も辞退し、給食費やその他の学校費もお断りしました。

でも子どもが学校に通っていてもＰＴＡは加入しなくてもいいし、退会もできます。**ＰＴＡは義務ではなく任意加入の団体**です。なので本来は、「入会する・入会しない」、「退会する・退会しない」は自由です。子どもが学校に通っていても、です。

ところが、任意団体なのが、まだまだ知られていないんですよね。

子どもが小学校（または幼稚園や中学校）にあがると同時に、多くは自動加入となっています。本来は強制はいっさいないのがＰＴＡです。役員決めの参加強制も違法です。任意団体に参加義務はありません。いやなら入らない、または退会すればいい

のです。

●紙1枚で退会するコツ

子どもさんが学校に行っている、行っていないにかかわらず、「ＰＴＡを退会したいとお願いしたのですが、やめさせてもらえないんです」といったご相談をよく受けます。これね、「お願い」するからですよ。**退会はお願いすることではありません。**

わが家の場合は、校長先生とＰＴＡ会長宛に、書面で「ＰＴＡ非加入通知」として伝えました。

内容は、手紙の基本構成に沿って書きました。これはブログに掲載しています(https://ai-am.net/pta)。

入会申込書がきちんとある学校であれば、入会申し込みをしなければいいだけなので、非加入通知（非加入届）を出す必要はありません。

退会するために理由は要りません。余計なことは言わないで（ここ、ミソです！

わかってもらおうとは思わないで）退会します、とだけ言って去りましょう。

もうひとつのコツは、口頭ではなく、文書で申し出ること。提出は学校を通してもいいし、郵送でもいいです。郵送の場合は、トラブル防止のために内容証明郵便で送るのがいいです。

ＰＴＡの趣旨自体はすばらしいと思います。入退会を自由にして、ボランティアでＰＴＡを行っている学校も増えてきています。やらされるんじゃなく、やりたい人がやる。「あ、その行事、やりたい！」とか、「その日だけなら参加できる！」とか。そうであれば、大人も子どももきっと楽しい！

毎朝のお弁当づくりをしなくていい

お弁当をつくらなくて得したのは、お金や時間もありますが、見栄を張らずに済んだことでした。

わたしが中学生のころ、いっしょに昼食をとる友だちのなかに、お弁当のフタを壁のようにたてて、中身を隠す子がいました。見られたくないんだな、とわかるのだけど、当時わたしは自分でお弁当をつくっていたので、見た目より時短。白ごはんドーン、しゅうまいバーン、以上！　の「おっさん弁当」です。そんなお弁当を目の前にして、それでもなお隠す……。防御は不自由だなあと思ったものです。

「子どもの恥は親の恥」と言われたりしますが、親の心がオープンでなければ、子どもにも受け継がせて「親の恥は子どもの恥」と依存させてしまうのでしょうか。

日本は、お弁当づくりは愛情表現の場のひとつ、って感覚がありますよね。**もしも「弁当＝母の愛情」という社会通念がなかったら、あの友だちはもっと気楽にお弁当タイムを楽しめたんじゃないのかなあ。**欧米で見るような、ジップロックの袋にピーナッツサンドがお弁当、という気軽さがあれば。

お弁当づくりひとつをとっても、性別的役割の観念が強すぎるんですよね。同調圧力もほんと厄介です。大人社会の「～ねばならない」と固定される考え方がゆるんでいかないと、子どもも社会において、多様性は認められないままです。

お弁当は、親でも子でも、お弁当をつくるのが好きな人だったり、つくれる人がつくればいいと思うんですよね。買ってもいいし、頼んでもいいし。

息子が幼稚園に通うようになったときは、さすがに、ごはんドーン、しゅうまいバーンのお弁当じゃ申し訳なく思って、ポップな柄のバランを入れたり、ピカチュウのかまぼこでごまかしたりして、ちょっとは彩りを意識したお弁当をつくっていました。

すると、子どもに言われたんです。

「バラン、じゃまー。それとね、白ごはんがドーンと入ってるほうが好きだから、そうしてー。自分でふりかけをかけたいねん」

なんていい子なんでしょう（笑）。すでにキャラ弁という日本の新しい文化があったにもかかわらず、息子のお弁当も「おっさん弁当」になりました。

子どもたちのお弁当は幼稚園のときだけで、中学や高校は行っていないからつくっていませんが（海琳が大学生のときは本人がつくっていた）、毎日のお弁当づくりと無縁でいられたのはツイていました。

ご近所付き合い・ママ友付き合いをしなくていい

●学校以外、360度、道がある

「おれ、どうなるん?」という息子の言葉にハッとしたあの日。子どもは「学校に行きたくない。だから行かない」と言っている。それなのに、なんで親のわたしが悩んでいるんだ? とおかしくなり、この出来事はどんなギフトをくれようとしているんだろう? と知的欲求が止まらなくなったと「わたしが1週間で不登校が不安ではなくなった理由」(24ページ) で書きました。その話のつづきになります。

わたしは、小学校に行かないと、その先(中学→高校→大学→社会人)へ行けないと思いこんでいたのです。関所のようなものですね。

でも違った。門の端っこに目をやると、柵も塀もないんです。スカスカなの。なのに「お好きに通ってね」という立て看板はない。そこを通ってはダメとも書かれていない。法律にも社会にも。あるのは、関所に立つ門が目立つように「道はここですよ、さあどうぞ」とあるだけ。うまいなあ、巧みだなあ、と思ったもんでした。

その門を通って先に行くにはたくさんの条件がつけられていました。髪の毛は肩につかない長さまで、とか、肩につくなら黒、もしくは茶色のゴムでひとつに結ぶ。靴下は白で、上靴は、上靴として売られている上靴じゃないとだめとか。でもみんな仕方なく、従っています。

その門を通らないで、門の端っこから一歩を進めると、３６０度見渡せる原っぱで、クレイジー（イカれているのではなくて、イカしている。「すばらしい」「最高」の意味）な老若男女が、「ようこそ。あなたの『好き』で歩いてね」とむかえてくれたのでした。成長したがっている子どもを、子ども扱いする人はそこにはいません。社会人なんですよね、誰もが。同年齢のなかから友だちを選ばされることもありません。海琳の友だちに70歳の人がいたりもしますが、その人のママとわたしがママ友付き合いをする？　ないですよね。

●わたしが得したのは「出会い」

子どもたちと同年代のご近所の方々は関所の門を通っていました。３６０度を見渡せるな～んにもない原っぱに立ち、「おもしろいー！」とワクワクするわたしの感性とは異なります。ご近所付き合いをしないようにしたのではなく、離れていくのは自然でした。

道やスーパーなどでお会いしたりしたら、フレンドリーにごあいさつはします。なかには、わたしのことを批判的にとらえたり、甘やかしていると考えたり、「子どもさんが学校に行けなくてかわいそうな人」と思っている人もいたかもしれませんが、どう思うかは個々人の自由です。

どう思われようと、わたしがしあわせなのは変わらないのです。

子どもが不登校して親のわたしが得した最高のギフトは「出会い」でした。子どもが「不登校」しなければ出会わなかった人たちです。

息子が学校に行かなくなって図書館通いをしていた後、まもなくデモクラティック スクールにスタッフとして関わっていくのですが、出会う人、出会う人、クレイジーな人たちばかり。つながっていくのは、人に愛され、自分を愛し、人を愛する幸福を知る人たちばかりです。

順繰りですね。関所の門を通らない人たちが、わたしたち親子の目の前にもやって来ます。「ようこそ」。

自分のしあわせを望んでくれる人といっしょにいましょう、そう願います。

第10章

親が得したこと③
親の人生まで楽しくしてくれた

母・吉田晃子

子どもの「明日、行くから」の本当の意味

行動はやさしいけれど、心はやさしくない人がいます。

「行動がやさしい」とは、みんなでごはんに行くと食べ物を取り分けたり、水を注いだりと、気の利くこと。

「心がやさしい」とは、相談に対して自分の意見を言う前にうなずいて聞く、わかってもらう前にわかろうとするなど、相手の心に寄り添うこと。

心がやさしくないと、子育ては「大変」「しんどい」になります。「不登校」に悩むのも、思春期の子どもが何を考えているのかわからないと嘆くのも、心がやさしくないからかもしれません。

たとえば、不登校している子どもが、

「明日は行くから……」

そう言って寝て、朝になると起きてこないことがよくあります。けれどもその言葉は、親が言わせているのです。

ちなみに「明日は行くから……」に含まれる想いは、こんな感じです。

こんな自分ゆるせないから明日こそって思うんだ。
だから明日こそは行こうって思うんだ。
お母さんに嫌われたくないから……。
ごめんね、ごめんね、お母さん。
学校に行けずにごめんね。
お母さん、ごめんね。

でも行けないんだ……。
お母さん、ごめんね。
学校に行けずにごめんね。

ごめんね、ごめんね、お母さん。
でもお母さん、ぼく／わたしをきらいにならないでね。
お母さん、お母さん、見捨てないでね。
お母さん、お母さん……。

この想いの省略形が「**明日は行くから……**」です。

心がやさしくない人は、相手はなぜそう言ったのか、なぜそれをしたのか、心を見ないで、相手が言った言葉そのままを受け取り、解釈します。

そうありたい子どもの気持ちは無視されて、そうなれない子どもの実態だけが重視されるのです。

子どもは、努力の足りなさを責められるだけで、指摘されるだけで、努力している間のかっこわるさをわかってもらえないのです。

●「親の言うことを聞く子」と「やさしい子」は違う

そう、子どもの心を見るのを忘れてしまっているんです。子どもが、なぜそう言うのか、なぜそれをするのか。

「親の言うことを聞く子」と「やさしい子」は違うのに、それを履き違えた大人のもとで育ってきたからでしょう。言うことを聞かないときに、命令口調で「ママ・パパの言うことを聞きなさい」と怒られたり、「〇〇しないと将来大変なことになるんだよ」と脅かされたり、「あなたのためよ」となだめすかされたりして。

きっと2歳のころは「いやだー！」と反発もしてたんだろうけれど、嫌われること、見捨てられることへの恐怖を体験していくうちに、生きていくために「いい子」になって、やさしさを心の奥底に追いやったのでしょうね。

本当は、やさしい心は誰もが持っています。

みんな、自分で自分をしあわせにできます。やさしさを日の当たるところに置いたってもう大丈夫！　もう「いい子」を演じる必要はありません。親も子もやさしい人に戻りませんか？

◯◯ができないなら△△？　△△もできないんだったら、せめて□□？　生きることに条件は必要ありません。◯◯も、△△も、□□も、できなくていい。

自分に欠けているものを埋めることがしあわせの条件ではないのです。周囲の人を意識しすぎていると、自分の美しさが曇ります。

●子どもからもらった数えきれないやさしさ

江戸時代初期の陽明学者・中江藤樹《なかえとうじゅ》は、人間は誰でも「**良知**《りょうち》」という天から与えられた美しい心を持って生まれていると言いました。しかしながら、日々の我欲が美しい心を曇らせるので、良知を鏡のように輝かしておくために、日常生活において五つのことを心がけなさいと教えました。

その実践が「**五事**《ごじ》**を正す**」です。

五事とは「**貌（顔つき）**、**言（ことばづかい）**、**視（まなざし）**、**聴（よく聴く）**、**思（思いやり）**」。

それを正すとは、なごやかな顔つきをし、温かく思いやりのあることばで話しかけ、澄んだ優しい眼ざしで見つめ、ほんとうの気持ちの心の声を聴き、まごころをこめて相手を思うことです。

藤樹は、母親を愛し、母親に孝養を尽くしたといわれます。

そして、「孝」が人間生活に現れる形を、藤樹は「愛敬《あいきょう》」と呼びました。「愛敬」の「愛」とは「人々が親しく睦《むつ》まじくまじわること」を意味し、「敬」とは「下は上を敬い、上は下を軽んじないこと」という意味です。言わば、人と人が愛しあい、助けあう姿です。

わたしはこの「愛敬」でもって子どもたちから愛されています。

普段の生活でのまじわりのなかで、息子も海琳も、五事を正し、人を愛し敬う心で、本当にやさしくしてくれるのです。

ある日のこと。うれしいことがあって帰宅したわたしは、それを息子に聞いてもらいたくって彼の部屋に行きました。寝かけているところでしたが、息子は「よかったね、よかったね」となごやかな顔で、温かく言ってくれるのです。お祝いしなきゃね、とお酒なんて飲みながら。

悲しいことがあったときも同じです。おかしな話をしたときも、困ったことのお願いにも、やわらかな眼差しで、いつでも、いつまでも耳を傾けてくれます。温かなまなざしを向けて、話す人の立場になって話を聞くのは、とてもエネルギーのいることなのに。

やさしさとは、相手の弱さを受け入れることではないでしょうか。

わたしの心は、子どもからもらった数えきれないやさしさでいっぱいです。

不登校のアタフタこそが、ギフト

わたしたちは、わが子が学校に行かなくなるとアタフタしてしまいます。

けれども、この**アタフタこそがギフト**なんですよね。

「学校へ行くべき」の前提がはずれたら次に見るのは「学校」です。成果を強制する学校は、「一人ひとりの子どもに寄り添う教育」をしていません。

子ども「を」生きられない、個々を生きられない、教室。**多様性を無視した学校に、行かなくなる子がいるのは当然**です。


学校教育の制度を疑えると自分の世界が狭かったと気づきます。そうして飛行機や船があると知っていきます。

たとえば、沖縄に行くには泳いでしか行けないと思いこんでいた。だから「でもわたし、泳げないから……」とあきらめていた。けれども子どものおかげで課題をもらい、教育を疑っていくうちに、飛行機や船があると知るのです。泳げなくても飛行機や船を利用して、世界中、行きたいところに行き、学びたいことを学んでいる人がいるのだと。

公の学校も、家庭や町々、フリースクール、オルタナティブスクールなど、生きているところすべてが学校なのです。狭い世界からの脱出は、泳がなくてもできるのです。

●メディアでは紹介されない「不登校」パターン

多くのメディアでは、数ある「不登校」パターンをひとつしか紹介しません。わたしたち親子のまわりには「不登校」になったのではなく、小学校のはじめから（入学式も）行っていない人や、今年の担任は嫌いだから今学年は行っていない人、毎日はしんどいから月水金だけ行っている人、昼食だけ食べに行っている人、昼食になったら帰る人、放課後に数学だけ教えてもらっている人、部活だけ行く人、もう本当にいろんなパターンで、図書館を利用するように学校を利用したりしています。息子や海琳のように、学校に行かないで自分に合ったスタイルで過ごしている子どもたちがいます。

わたしたちは知らなかったんです。

やりたくないことをやったから今があるのではなくて、やりたいことだけをやっていても今はあります。

泳げなくても沖縄に行けるように、学校に行かなくても未来はあります。

親が悩んでも子どもは幸福にならない

「不登校」は自分自身が幸福であるための選択のひとつだと、子どもたちと暮らしてきて、切に思います。

小・中・高に行かないことを選んだ海琳は、ブログで次のように述べています。(https://

ai-am.net/school-think)

＊　＊　＊

わたしは小学校へ行くことを、すぐにやめました。そしてそのあと、中学校・高校にも行かないことを選んでいます。それがなぜかといえば、「行きたくなかったから」です。するとだいたい、当然というように「いや、行きたくなかったのはどうして？」と尋ねられる。この言葉に、わたしは即答ができません。

当時6歳だったわたしにとって、「行きたくないのはなぜか」はどうでもよかったのです。自分自身が、それはもう鮮烈すぎるほどはっきり、「行きたくない」と思っていることに、それ以上の理由づけなんかまったく必要ありません。

とはいえ、今、いろんな理由をつけ足すことはできます。国家と企業のために身を粉にして働きに働くような、望まない戦争にもさっと身を挺するような、理想的な大人になりたくなかった。というより、そういう大人を育てるための教育なんか、受けたくなかった。だってそれは、自分ではないから。

（中略）

考える、といっても、もちろん「宿題やらなきゃな」とか「明日の時間割なんだっけ」とか、直接的に学校の暮らしについて考えた回数なら、わたしはほとんどゼロに近いのですが。でもそうではなくて、たとえば「学校行くのヤだなあ」でもなくて、学校ってどんな場所で、そこにいる人たちはどんなふうで、その場所に対して自分はどう思っているのか、自分にとってどんなものか？　と考えることは、わたしのほうが容易だったと思う。

学校には行かなかったけど、でもわたしは、べつに学校が嫌いということはありません。好きか嫌いかの二択なら嫌いと答えるほかないけど、単純に、「合わない」。学校教育を批判する気持ちはあります。でもそれは、自分の肌と合わないものへの批判ではなくて、あの学校がすべての子どもたちにたったひとつだけ用意された場所であること、への批判です。

やりたいかやりたくないか、楽しいか楽しくないか、心地いいかよくないか、だけで選択できないものってあるだろうか。まあ、もしかしたらあるのかもしれない。でも、学校は絶対にそうじゃない。

（中略）

だから、そこで学びたい人だけがそこで学べばいい。それは当然のように楽しい。逆に、そこで学びたいなんてこれっぽっちも思っていない人が毎日、文句や不満を唱え、時計の針の微々たる動きを眺めて、ペンを指先でもてあそんで、やりたくない勉強のために丸暗記を試みて、夏休みや冬休みに大喜びしている。そういうのは、あんまりすぎる。でも子どもたちは、ほとんどがほかの選択肢を知らされないまま、暇も隙も与えられないまま、そこにいます。

（中略）

好きなように、選べばいい。そしてそれは、公の学校だけではなくて、さまざまなオルタナティブスクールもおなじです。どうでもいいんです。どうでもいい。どんな学校に行こうが、どんな学校にも行かずに家や街町で暮らしていようが、なんでもいい。

すべてに優劣はないし、自分がすばらしいと思ってはじめて、価値があります。そうでなければ、価値なんてありません。自分がすばらしいと思うなら、それは絶対にすばらしい。

＊＊＊

親が子どものために悩んだり苦しんだりしたからといって子どもが幸福になるわけではありません。むしろ逆です。

何かにこだわり続けたり、何かと比べたりして、どこかに引っかかっているうちはエゴが出ます。

だから迷いや不安が生まれてくるのだけれど、不安なんてものは取り除こうと思ってもできないんだから、不安なままで安心しておきましょう。

なんたって子どもはゴキゲンに暮らしているのですから。

「行きたーい！」でイタリア語を習得

●わたしがイタリア語？

海琳が９歳のときの話です。漫画『ＡＲＩＡ（アリア）』からヴェネツィアを知り、実際にヴェネツィアへ旅行に行き、すっかり魅せられた娘は、16歳になったらヴェネツィアに住むと言いました。それまでの間にイタリア語を話せるようになろうと、わたしと２人で習いはじめたのです。

子どもたちと世界のあちこちに行けて、人生を１００倍楽しませてもらっているのに、このことで、日々の暮らしもまた楽しくなりました。

習ったイタリア語は暮らしのなかで、毎日使っていこうとなり、「ボン・ジョルノ」

（おはよう）からはじまり、1日に何十回と言う「グラッツィエ」（ありがとう）や「プレーゴ」（どういたしまして）、「オ・ファーメ」（お腹へった）、「ボーノ」（おいしい）、そして「今、何食べたい？」「〇〇が食べたい」、「スーパーに行くけど何かいる？」「△△買ってきて！」、「夜は何が食べたい？」「あっさりしたものが食べたい」……。イタリア語での会話は日ごとに増します。

窓やカーテン、壁、鏡、時計、テーブル、イス、ゴミ箱などのイタリア語をカードに書いて、それぞれに貼ったりもしていました。

習いはじめて3ヶ月後、再びヴェネツィアに行きました。

「スーパーはどこですか？」「きっぷはどこで買うのですか？」。娘が話すイタリア語が通じます。2人は喜色満面です。

そしてわたしも、なんです。言語障害があるわたしは、日本語でも正常に発音できない言葉があるのに、なんと！　現地で通じたんです。それも1回だけじゃなくて、何回も。果物屋さんで「りんご1つとオレンジ2つください」も、レストランで「ひと皿どのくらいの量ですか？」も。気持ちが踊り、２人で大はしゃぎしました。

このとき、ヴェネツィアのあとパリに向かいました。ヴェネツィアの空港で、搭乗までの時間がもうないときにトラブルがあり、エールフランス航空のおじさんが「マダ～ム、ナンタラカンタラ」と教えてくれたのです。が、フランス語はわかりません。おじさんはすぐさま英語に変えて話してくれましたが、わたしたちは英語もわかりません。

困ったおじさんは、「25番に急げ！」とジェスチャー。駆け出したわたしは、イタリア語で言ったのでした。

「25番のカウンターに行けばいいのね。ありがとうございます。助かりました！」

おじさんは苦笑しながらイタリア語で言いました。

「シニョーラ、そりゃそうだ、ここはイタリアだったよ。よい旅を！」

そうして帰国後、イタリア語のおけいこはますます楽しくなっていくのでした。

写真上：ヴェネツィアでは運河が縦横に走る。
下：ヴェネツィアを歩く海琳と息子。

「不登校」の子が人生を楽しめるかは、親次第

●子に失望するのは、これまで親に従ってくれたから

中学を不登校している14歳の人としゃべっていたときのことです。その子には2歳上のお兄さんがいて、お兄さんも中学は行かず、今春から通信制の高校に行くようになりました。お母さんは喜んだそうです。しかしながら間もなくして、高校をやめてしまった。

14歳のその子はこう言います。

「兄が高校に行ったのを喜んだ母を信頼できなくなった。そのあと、母が高校をやめた兄に『どこまでもダメな子ね。がっかりだわ、期待してたのに』と言ったときは、母に殺意を覚えた」

お母さんは、「学校に行きたくないなら行かなくてもいいよ」と言っていたのだそうです。中学を不登校していて、高校に入ったらホッとする親がいる。そんな親の姿を子どもが見ていることはよくあります。

「不登校」は教育とは何なのか、を自分で考えるいい機会です。

ここはひとつ、ドカンと腰をおろして考えていきましょう。子どもに失望するのは、子どもが、これまでは親の善しとする範囲で言うことを聞いていたからです。さっぱり「学校」から自由になりましょう。

自分と他者だったり、誰かと誰かを比べるときにわたしたちは、一方に（または双方に）ふさわしくない物差しで、その人を測ってしまうことがあります。サッカーが好きなアウトドア派な子と、読書が好きなインドア派な子を「どちらが子どもらしいか」と比べたりします。

まるで、魚を木登りで評価しているようなものです。学校はこのやり方なんですよね、いまだに。魚を木登りで評価したら、その魚は「自分はダメな魚だ」と思い込んで一生を生きていかなくてはならなくなります。すべての人には、それぞれ異なる才能があるのに。

子どもが「不登校」になると、学校評価を受けずに済むのです。

こんなありがたいことはありません。

わたしたち大人は、いまだにこの評価で苦しめられているんです。

せっかく、魚が木登りを強制されない世界にいるんだもの。おそれや抑圧なしに子どもと育ちあっていきましょう。

親は子どもに何を援助し、何を排除すればいい？

子ども自身が主人公となって、満足する自分の人生を自分でつくっていくために、親は子どもに何を援助し、何を排除すればいいのか？

わたしは「強制」を排除しました。教育に強制はいらないのです。家庭のなかまで学校化させて、魚に木登りを強制するようなことをしなかった。わたしが善しとするものは、わたしが善しとしているにすぎず、すべての人に共通してはいないからです。

ひとつ屋根の下でも、家族それぞれに人としての主体（人格）があります。それを尊重しあったならば必然に「評価」は消えます。海琳が「母は、『意識的に、叱らないように・ほめないようにしよう』としていたわけではなく、自然な行動だったと言います」（145ページ）と書いていますが、まさに、評価しないようにしたのではなく、評価しようがないのです。そして評価がないと、評価とワンセットになっている「干渉」も存在しません。干渉は、相手の自律を遠ざけ、生きていく力を軟弱にさせていきます。「叱る」や「怒る」よりタチがわるいです。

ところがこの干渉はとても厄介なシロモノ。なぜなら、「強制しないようにしよう」や、「叱ったり、怒ったりしないようにしよう」であれば意識できますが、干渉は自覚がないからです。わたしたち大人も、子どものころから「大人からの干渉」があまりにも日常的だったせいでしょう。なかなか気づけないもの。

「早くしなさい」とか「ごあいさつしようね」「片づけようね」は強制（強要）であり、干渉ではありません。「カゼひいちゃうよ」「おかわりは？」など善意からくる言葉かけが「干渉」です。本来は、子ども本人が自身の声を聞きとり、考えていかなければならないものです。

わたしは子どもたちから求められないかぎりは、教えない、奪わない、求めない、に努めてきました。数えきれないたくさんのミスをしながら。

「干渉」は子どもを不自由にします。そう、**親が子どもにする援助は、「自由を奪わないこと」**です。

学校に行かなくなったそのあとの人生を卑下しないで、存分に楽しんでいける人になるかどうかは親次第だと、わたしは思っています。

子どもが学校に行こうが行かなかろうが、勉強をしようがしなかろうが、規則正しい生活をしようが不規則だろうが、何を好もうが、どのような職業につこうが、成功しようがしなかろうが、そんなことは関係ない。子どもがどのように生きていこうが関係ない。ただただ、わたしはあなたが好きなんです。

そんな海琳は最近、コーヒーを淹《い》れるのにはまっています。

おいしいコーヒーを飲むためではなく、コーヒーを淹れることそのものを楽しんでいるんです。


あなたはあなたのままでいいんだよ。あなたのままがいいんだよ。

だから、あなたが感じていることを大事にしてね。

感情を差別することなく、泣いたり、怒ったりもしてね。

イヤなときはイヤと言い、泣きたいときはおもいきり泣き、腹が立つときは怒ってください。

あなたがやりたいことをやってください。

あなたがあなたの人生において何を選択するか、あなたが決めてください。どんな選択も応援するよ。

気が済むまで悩み、考え、そのときどきの、あかんたれな自分も、醜い自分も、失敗する自分も、まるごと自分を愛してください。

どんなあなたも愛しています、わたしも。

おわりに

不登校をすること自体に、善い、悪いの価値はありません。

「学校へ行っていない事実」だけがある。

不登校をした・している誰もが、同じ性格や考え方、感じ方、能力や未来を有しているわけではありません。仲のいい兄弟でも違う人生があるように、おにぎりにもコンビニの味やおふくろの味があるように、「不登校」に含まれるのは、「学校へ行っていない事実」、それだけです。わたしにはわたしの人格や身体が、経験が、親が、家があるから、今のわたしがある。

けれど「不登校」には、やはり多くの場合、マイナスのイメージがまとわりついているでしょう。だからこんなふうに、「伸びた能力」なんてものを考えてみました。わたしにとって、学校に行かなかったからこそ、「学校的」な生活でなかったからこそ、今あると感じるもの。とはいえ、もちろん、学校に行かなかった人、行っていない人みんなに共通するわけではありません。

だからこそ、今ある「不登校」のイメージに引きずられずに、誰かの常識を輸入せずに、自分で感じて、自分で考えていきましょう。

感じ、考えていくなかで、たくさんの考えや価値観を知ってみるのもいいかもしれません。そのなかでこの本もまた、ほんの一部分になれていたら、と思います。

わたしたちみたいな人間は、たぶんまだまだ少数派です。これからも、そうかもしれない。だからこそ、知ってもらえたらうれしいんです。わたしたちをではなく、こんなのもあるってことを。

学校へ行かない子どもたちの多くは、家で過ごす時間が増える。それについてどう考えているにせよ、親もまた、子どもについて考える時間はさらに増えるでしょう。

読んでいただいてわかるように、この本は、親子のはなしです。

心から学校が好きで、けれど何かの理由があって行けない子どもを除けば、「不登校問題」のほとんどは「学校問題」。学校に行かない理由、つまり何が好きで何が嫌いか？　は人それぞれでも、「家庭」は等しく、彼らの「心臓」です。

お金がある／ない、家が大きい／小さい、親がいい学校を出ている／いない、田舎／都会、そういった要素の一つひとつは、もちろん子どもに影響を与えます。けれど、**子どもにとっての心地よさを与えられるのは、それらの要素ではなく、「家庭」を愛し、自分と対等に育ちあっていく「親」の存在**です。

わたしたちの発信を受け取ってくださる方のなかには、金銭的に裕福な人もいれば、働いて切り詰めて外食なんてとんでもない、という人もいる。大卒の人も中卒の人もいて、田舎暮らしの人も都会暮らしの人もいる。つまり、要素や環境ではなく、親と子についての考え方や価値観を共有しています。

わたしは自分の母親の教育観を尊敬しています。すばらしいものだし、この世に必要だとも思う。彼女のもとで育ってこられたのが、わたしにとっていちばんの幸福です。

彼女の教育観や人生観にふれることは、親御さんが自分の子どもと育ちあおうというときに、家庭を（ひいては世の中を）楽しく、誠実に、寛容にしていくと思います。

不登校をすると希望や未来を失う、と考える人にとって、それは正しい。

不登校をするのは希望や未来を失うことではない、と考える人にとってもまた、それは正しい。

わたしたちが後者のように考え、生き、今なおその正しさのまま暮らしていると知っていただくことで、肩の力を抜き、今日1日を楽に過ごせる方がいれば、こんな喜びはありません。

この本を読んでくださって、ありがとうございました。

娘・星山海琳

母：吉田晃子（よしだ あきこ）

1962年大阪生まれ。一男一女の母。口唇口蓋裂の先天性形態異常で生まれ、成人するまでに何度も手術、入退院をくり返す。大学卒業後、入社した会社を3日で辞め、放浪の旅に出る。帰阪後はフラワーアレンジメント、室内装飾のコーディネーター、飲食店の経営などをする。第一子は先天性心臓疾患で、再三にわたり、生死の境をさまよう。自らの障害、入院していた時間、放浪、息子の障害、子どもの学校に行かない選択とその後の日々から、根本に立ちかえって物事のあり方を見直すことを学び、「デモクラティックスクール・フリープレイスなわて」の立ち上げおよびスタッフ勤務を経て、コミュニティ「デモクラティックフィールドのらねこ」に携わる。現在は「AI – am」共同経営の星山（娘）と、ブログ「オヤトコ発信所」を中心に、お母さんの集うオンラインサロンや、講演、勉強会、講座などの活動を行う。2016年、星山とともに上梓した『小さな天才の育て方・育ち方　小・中・高に通わず大学へ行った話』（セルバ出版）第6刷（2019年8月時点）。

娘：星山海琳（ほしやま まりん）

1996年大阪生まれ。大阪芸術大学芸術学部文芸学科卒業。小学校へ入学してすぐ、学校教育への数々の疑問がわき、学校への魅力を感じなくなる。自分に合ったより魅力的な教育を探し「デモクラティックスクール・フリープレイスなわて」で6歳から11歳を過ごす。デモクラティックスクール（サドベリースクール）で過ごした日々から発想を受け、11歳のとき、コミュニティ「デモクラティックフィールドのらねこ」を創立。その後、教育・子育てに関心や悩みのある方々の相談やサポートなどのほか、詩や絵画、写真など自身の創作活動にも励む。
17歳の夏、とつぜん大学へ行くことを志す。高等学校卒業程度認定試験を受けることを決め、約2か月半の期間で、全8教科の勉強を小学校1年生のレベルからはじめる。九九や四則計算など小学校算数を約20時間、数学を約12時間で修了。ほか7教科とともに、高認試験に合格。志望校である大阪芸術大学を受験、現役入学した。

「オヤトコ発信所」（https://ai-am.net/）

カバー写真／宗像みか
本文写真／吉田晃子（P211下のみ）、星山海琳
デザイン／太田玄絵
企画協力／企画のたまご屋さん
編集協力／大西華子
校正／矢島規男
本文デザイン・DTP／三協美術
編集／江波戸裕子（廣済堂出版）

不登校になって伸びた7つの能力

2019年10月9日　第1版第1刷

著　者　吉田晃子
　　　　星山海琳
発行者　後藤高志
発行所　株式会社 廣済堂出版
〒101-0052
東京都千代田区神田小川町2-3-13 M&Cビル7F
電　話　03-6703-0964（編集）
　　　　03-6703-0962（販売）
ＦＡＸ　03-6703-0963（販売）
振　替　00180-0-164137
ＵＲＬ　http://www.kosaido-pub.co.jp

印刷所
製本所　株式会社 廣済堂

ISBN 978-4-331-52258-5　C0095